Die Autorin

Louise L. Hay begann ihre Arbeit, als sie bei der Selbstheilung ihrer eigenen Krebserkrankung erfuhr, welche Bedeutung eine positive Lebenseinstellung für den Heilungsprozeß haben kann. Ihre ersten Bücher stellten in den achtziger Jahren eine Revolution für das Selbstverständnis von Aids- und anderen Schwerstkranken dar. Seitdem hat sie mit ihrer Methode der positiven Selbstbeeinflussung mehr als 50 Millionen Menschen in über 30 Ländern der Welt geholfen. Um ihr Werk ist mit Hay House ein eigener Verlag entstanden, der heute in den USA zu den wichtigsten Vorreitern alternativer Gesundheitslehren und eines neuen humanen Umgangs mit menschlichen Problemen gehört. Ihr Name wurde zum Synonym für die Aktivierung von Selbstheilungskräften zur Unterstützung jeder ärztlichen Therapie. Sie lebt in Kalifornien.

Von Louise L. Hay sind in unserem Hause als Taschenbuch erschienen:

Gesundheit für Körper und Seele
Balance für Körper und Seele
Wahre Kraft kommt von Innen
Die Kraft einer Frau
Die innere Ruhe finden
Du bist dein Heiler!
Das Leben lieben
Du selbst bist die Antwort
Das große Buch der wahren Kraft
Das große Buch der heilenden Gedanken
Gute Gedanken für jeden Tag

als farbig illustrierte Geschenkausgaben

Gesundheit für Körper und Seele
Meditationen für Körper und Seele
Licht für Körper und Seele

als Karten-Decks

Körper und Seele
Glück und Weisheit
Jeden Tag gut drauf
Du bist dein Heiler! – Karten

als CDs bei Allegria Hörbuch Hamburg

Du bist dein Heiler!
Liebe statt Angst

Louise L. Hay/John C. Taylor

Die innere Ruhe finden

Aus dem Amerikanischen von
Thomas Görden

Ullstein

Besuchen Sie uns im Internet:
www.ullstein-taschenbuch.de

Ullstein Esoterik
Herausgegeben von Michael Görden

Aus dem Amerikanischen von Thomas Görden

Titel der Originalausgabe
MOMENTS OF SILENCE
Erschienen bei Hay House, Inc., Carlsbad, California, USA.

Umwelthinweis:
Dieses Buch wurde auf chlor- und säurefreiem Papier gedruckt.

Vollständige Sonderausgabe im Ullstein Taschenbuch
Oktober 2005

Umschlaggestaltung: FranklDesign, München
Titelabbildung: Ulrike M. Bürger, München
Gesetzt aus der ITC Slimbach
Druck und Bindearbeiten: Ebner & Spiegel, Ulm
Printed in Germany
ISBN-13: 978-3-548-74267-0
ISBN-10: 3-548-74267-X

Widmung

Dieses Buch widme ich allen, die nach Antworten suchen. Ihre Fragen über das Leben - warum es so ist, wie es ist - sind ein unerläßlicher Bestandteil jener Energie, die uns die Antworten zu Bewußtsein bringt. Die Botschaften in diesem Buch sind ein Weg, Zugang zu diesen Antworten zu erhalten.

Ich möchte Sharon Huffman meine Anerkennung und tiefe Dankbarkeit aussprechen. Wenn sie mich nicht dazu ermutigt hätte, wäre dieses Buch vielleicht gar nicht entstanden. Wenn Zweifel und Streß mir zu schaffen machten, war sie die Trainerin, die mich zum Durchhalten anspornte. Ich möchte Shari danken, die immer an mich geglaubt hat, auch wenn der äußere Anschein manchmal Anlaß zu Zweifeln gab. Mein Dank gilt Linda, Peggy, Kathy, Candace, Sheri, Gail, Greg, Dave, Roger, Patty, Amos, Barbara, Laura, Caren, Patricia, Emily und Robyn für ihre Freundschaft, Unterstützung und so vieles mehr. Ich danke meinen Eltern, die genug Geduld und Liebe hatten, um der Welt fünf wunderbare Kinder zu schenken. Dieses Buch ist auch ihnen gewidmet und anderen, die bewußt oder unbewußt mein Wachsen und Lernen förderten.

Schließlich möchte ich Louise Hay für ihre Liebe und ihren Mut danken, Ihnen dieses Werk der Liebe zugänglich zu machen, das manche Menschen herausfordernd finden werden, das aber hoffentlich Sie alle bei Ihrer Suche nach Erkenntnis inspiriert. Mögen Sie alle finden, wonach Sie suchen.

– John Columbus Taylor

Vorwort

Das Leben ist wunderbar. Und ich habe gelernt, daß mir alles enthüllt wird, was ich wissen muß, und daß ich stets zur rechten Zeit die richtigen Leute treffe. So kam auch John Columbus Taylor in mein Leben, und ich bin sehr dankbar dafür.

Wie oft geschieht es, daß uns die Antworten, nach denen wir suchen, sofort wieder entgleiten? Wir wissen, daß es im Universum unendliche Weisheit gibt, und würden alle gerne aus dieser Quelle schöpfen. Manche Menschen scheinen stärker als andere mit ihrem inneren Weisheitszentrum in Verbindung zu stehen. John Columbus Taylor ist ein solcher Mensch. Wenn er sich hinsetzt und Fragen stellt, strömen wunderbare Antworten aus seinem Bewußtsein.

Mein eigenes inneres Sein ist im Einklang mit der Substanz dieser Erkenntnisse. Sie sind klar und rein. Vieles davon geht sehr tief. Wir werden nicht immer mit allen diesen Antworten auf Anhieb einverstanden sein. Doch wenn unser Verständnis wächst, erkennen wir die Weisheit hinter jedem einzelnen Satz.

Sie sollten sich dieses Buch ans Bett oder neben Ihren Lieblingssessel legen und jeden Tag eine beliebige Seite darin aufschlagen. Die Botschaft auf dieser Seite wird genau das sein, was Sie im Moment brauchen. Lesen Sie die aufgeschlagene Seite. Nehmen Sie die Information in Ruhe in sich auf. Prägen Sie sich dann die aufgeschlagene Affirmation ein und wiederholen Sie sie während des restlichen Tages gedanklich immer wieder. Oder nehmen Sie sie abends mit in den Schlaf. Wenn Sie das täglich tun, wird Ihre eigene innere Weisheit schon nach einem Jahr reichlich fließen.

Jeder von uns möchte sein Verständnis des Lebens und seiner vielen Aspekte vertiefen. Die Weisheit in diesem Buch soll Sie dazu anregen, sich des großen Potentials Ihres eigenen Geistes bewußt zu werden. Sie tragen schon jetzt alle Antworten in sich. Wenn John und ich Ihnen mit diesem Buch dabei helfen können, in Kontakt mit Ihrer eigenen inneren Quelle zu kommen, dann sind wir sehr zufrieden und haben unsere Sache gut gemacht.

Möge unser aller Erkenntnis stetig wachsen, und mögen unsere Leben reich sein an allem, das gut und wertvoll ist.

In Liebe

– Louise L. Hay

Einleitung

Es gab in meinem Leben Zeiten, in denen ich Prüfungen und Krisen durchmachte. Vor einigen Jahren begann ich damit, mich draußen auf dem Land, weitab von Lärm und Zerstreuung, regelmäßig unter einen Baum zu setzen und nachzudenken. Irgendwie hatte es eine beruhigende Wirkung, sich einfach dort draußen in der Natur aufzuhalten.

Ich fing an, Fragen zu stellen, nicht nur über das, was ich gerade durchmachte, sondern auch über viele andere Aspekte des Lebens. Zu meiner Freude und Überraschung stieß ich selbst in diesen besonders schweren Zeiten auf eine innere Verbindung zu Worten der Weisheit und Ermutigung. Der regelmäßige Rückzug von den Belastungen des täglichen Lebens ist zu einem notwendigen Teil meiner Erfahrung geworden.

Ich fing an, auf diese Reisen Bleistift und Papier mitzunehmen. Die Informationen, die mir innerlich offenbart wurden, waren oft sehr spezifisch. Zu anderen Zeiten waren diese Worte in ihrer Schlichtheit und Schönheit poetisch und zeitlos. Der Zweck dieses Buchs ist es, einen Teil dieser Weisheit, die mir so viel bedeutet, mit Ihnen zu teilen.

Vermutlich machen wir alle in unserem Leben Phasen durch, in denen es keine Antworten zu geben scheint und die Herausforderungen und Schwierigkeiten beinahe unerträglich sind. Doch wenn ich solche schweren Stunden erlebte, empfing ich von innen Worte und Anregungen, die mich zu mehr Freude und Glück führten. Mein Wunsch ist es, daß diese Worte Sie dazu ermutigen, selbst Verbindung mit Ihrer inneren Quelle der Inspiration und Erkenntnis aufzunehmen.

– JOHN COLUMBUS TAYLOR

Inhalt

*Ich bin im
richtigen Alter
und strahle
ewige Jugend aus.*

Altern

Alt zu werden gehört zu unseren größten Ängsten. Diese Furcht hat inzwischen eine solche Intensität erreicht, daß wir, statt uns von ihr zu befreien, unseren Alterungsprozeß damit regelrecht beschleunigen. Statt sich dafür zu hassen, daß Sie älter werden, sollten Sie für die Fältchen der Reife dankbar sein. Sie enthüllen die Schönheit und Weisheit eines voll gelebten Lebens und die Freude daran, die Bedeutung der Liebe zu entdecken.

Wenn Sie verzweifelt versuchen, sich an Ihre Jugend zu klammern, wird der daraus resultierende emotionale Streß die Faltenbildung nur beschleunigen. Nehmen Sie sich die Zeit, sich selbst als heil und gesund zu visualisieren. Ihre Vorstellungskraft ist eine größere Gabe, als Sie ahnen. Wenn Sie ständig vor dem Spiegel stehen und an sich nach Zeichen des Alterns suchen, werden Sie gewiß welche finden. Wenn Sie hingegen Ihre Zeit damit zubringen, die Freuden, die das Leben Ihnen schenken kann, zu genießen, werden Sie gar nicht dazu kommen, sich Sorgen zu machen. Dann wird Ihr Äußeres viel länger jugendlich bleiben. Die Fältchen der Liebe und des Lachens sind selten von Dauer, aber immer schön.

*Mit meiner
Arbeit diene ich
dem Leben
auf liebevolle Weise.*

Arbeit

Wenn Sie sich für eine Arbeit entscheiden, sollten Sie sich dabei nicht von Furcht leiten lassen, sondern von Ihrem liebenden Herzen. Wenn Sie aus dem Herzen heraus handeln, werden Eitelkeit und Stolz belanglos, denn dann sind innere Freude und die Stille des Universums Ihr Lohn.

Wenn Sie Ihren täglichen Pflichten nachkommen, sollten Sie sich dabei von dieser Freude leiten lassen, dann wird Ihre Arbeit reiche Früchte tragen und mithelfen, Leiden zu lindern. Wenn Sie fröhlich lächelnd und mit einem vor Liebe überfließenden Herzen Ihre Arbeit versehen, erledigen Sie alle Aufgaben mit der fließenden Harmonie und der Leichtigkeit wahren Friedens.

Wenn Sie sagen, Ihre Arbeit sei eine Last, haben Sie den Sinn des Lebens noch nicht begriffen. Keine Aufgabe ist schmerzlich oder unangenehm, wenn Sie die darin enthaltene Möglichkeit, dem Leben zu dienen, wirklich lieben und wertschätzen. Das Leben verlangt nie mehr von Ihnen, als es zu geben bereit ist. Denn durch die Liebe wird die Arbeit zum Spiel, und Sie werden zu einem Kind auf einer Entdeckungsreise voller Abenteuer.

*Ich bin jetzt
offen für alle
schönen Segnungen
des Lebens.*

Besitz

Wir glauben, materielle Dinge zu besitzen, doch sehr oft besitzen diese Dinge uns. Nur unsere Gedanken und Gefühle besitzen wir wirklich. Alles andere gehört nicht uns, sondern dem Leben und dem Universum. Wenn Sie etwas unbedingt besitzen möchten, verwenden Sie häufig viel nutzlose Energie darauf, es zu erlangen und zu beschützen, bis Sie es schließlich erschöpft aufgeben. Dann erst erschließt sich Ihnen die Weisheit dessen, was Sie besitzen wollten.

Gewiß können Wünsche in Erfüllung gehen, doch sollten Sie den Besitz bestimmter materieller Dinge nicht als Ende und Ziel sehen. Betrachten Sie solche Dinge einfach als Geschenke im Strom des Lebens. Und wenn es an der Zeit ist, diese Dinge wieder aufzugeben, sollten Sie das in dankbarer Demut tun. Denn dann werden Sie in Zukunft vom Leben noch reicher beschenkt werden.

Wie kann in Ihrer Welt Raum für noch schönere Segnungen des Lebens entstehen, wenn Sie nicht bereit sind loszulassen, was Sie gegenwärtig besitzen? Das Leben möchte Sie so reich beschenken, daß es all Ihre Erwartungen übertrifft. Doch wenn Sie etwas lediglich aus selbstsüchtigen Motiven oder zum falschen Zeitpunkt begehren, wird die Erfüllung dieses Wunsches sich als schwierig erweisen. Und Sie machen sich zum Gefangenen eines Wunsches, statt frei über Ihr Leben zu bestimmen.

Meine Bestimmung im Leben ist es, mich selbst zu entdecken.

Bestimmung

Jeder Mensch möchte das Gefühl haben, daß sein Leben einen Sinn und eine Bestimmung hat. Doch es gibt Zeiten der Verwirrung und ständiger Veränderungen, in denen wir diesen Sinn völlig aus den Augen zu verlieren drohen. In solchen Zeiten, in denen uns das Leben sinnlos erscheint, vollziehen sich in uns wichtige Wachstumsprozesse, auch wenn uns das vielleicht gar nicht bewußt ist. Während so einer Phase sollten Sie versuchen, äußere Aktivitäten und Ablenkungen zu reduzieren. Eine der wichtigsten Lektionen für uns Menschen besteht darin, einfach nur zu sein. Wenn Sie Ihre eigenen Wachstumszyklen kennenlernen und verstehen, wird es Ihnen leichtfallen, sich äußerlich etwas mehr Ruhe zu gönnen, während Sie innerlich Fortschritte machen.

Die Bestimmung des Lebens ist Bewußtheit, Erkenntnis. Ihre eigene Bestimmung im Leben ist es, sich selbst zu entdecken. Ihre alltäglichen Erfahrungen helfen Ihnen dabei, diese Bestimmung zu erfüllen. Wenn Sie lernen, sich selbst zu lieben, verläuft dieser Prozeß harmonisch und zur rechten Zeit. Indem Sie zu lieben lernen, werden Sie gleichzeitig bewußter. Zum *Tun* steht Ihnen die ganze Ewigkeit zur Verfügung, doch *Sein* können Sie nur jetzt.

*Meine
Beweggründe
sind Liebe
und Mitgefühl.*

Beweggründe

Wenn Sie herausfinden möchten, welche Beweggründe Ihrem Handeln zugrunde liegen, sollten Sie sich nach innen wenden, denn Ihr Herz kennt immer die Antwort. Was Sie aus Liebe tun, dient keinem anderen Ziel, denn Liebe ist in sich bereits Lohn genug. Was Sie aus anderen Gründen tun, müssen Sie häufig vor sich selbst rechtfertigen. Doch wenn Sie aus Liebe handeln und geben, finden Sie in der Stille Ihres eigenen Seins Lohn genug, ohne auf das Lob anderer Menschen oder materiellen Gewinn zu hoffen.

Um Ihre Motive zu verstehen, sollten Sie sich aufrichtig um Selbsterkenntnis bemühen. Dabei sollten Sie alles, was Sie über sich herausfinden, erst einmal akzeptieren, wie es ist, auch wenn manches davon unerfreulich scheint. Betrachten Sie Ihren eigenen Wachstumsprozeß liebevoll und mitfühlend - ohne sich selbst zu kritisieren, denn damit erzeugen Sie Schuldgefühle; ohne sich selbst zu verdammen, denn damit untergraben Sie Ihre Gesundheit; und ohne Gefühle des Zornes und des Selbsthasses, denn solche Gefühle führen nur in eine Sackgasse.

Lieben Sie sich so, wie Sie jetzt in diesem Moment sind, denn das ist der Ausgangspunkt für Erkenntnis und Wandel. Der Tag wird kommen, an dem Sie, ganz ohne Motive, einfach nur offen für das Leben sind. Dann werden Sie von innen heraus leuchten. Und das Licht Ihrer Liebe wird für alle Menschen sichtbar sein.

Die Liebe in mir
macht alle
meine Beziehungen
vollkommen.

Beziehungen

Sie möchten gerne die Bedeutung Ihrer Liebesbeziehungen und Freundschaften verstehen. Doch eigentlich möchten Sie dabei sich selbst kennen- und lieben lernen. Menschen oder Dinge können Ihnen weder Glück noch Erfüllung schenken. Glück und Erfüllung können nur von innen kommen. Denn wer wird Sie lieben, wenn Sie sich nicht selbst lieben?

Keine Philosophie, Bewegung oder Doktrin kann Sie so rasch so viel lehren wie die Weisheit in Ihrem eigenen Inneren. Streben Sie danach, die Liebe in Ihrem Herzen zu erfahren und auszudrücken, die Liebe für sich selbst und die gesamte Schöpfung. Denn nur in der Liebe finden Sie den Sinn, die Erkenntnis und die Erfüllung, nach denen Sie sich so sehnen.

Für Ihr Glück sind Sie selbst verantwortlich. Erwarten Sie nicht von anderen, daß sie Sie glücklich machen sollen. Streben Sie zunächst danach, zu sich selbst eine Beziehung aufzubauen, in der Sie sich lieben, sich verzeihen und sich so annehmen, wie Sie sind. Nur wenn Sie lieben, was Sie selbst sind, können Sie dasselbe an einem anderen Menschen lieben. Vergleichen Sie sich nicht mit anderen, und vergleichen Sie andere nicht. Denn jeder Mensch hat seinen bestimmten Platz in der Ewigkeit und muß in sich selbst und auf seine Weise die Liebe entdecken.

Demütig und liebevoll diene ich dem Leben.

Demut

Die Demut ist jene stille Weisheit, die es liebt und akzeptiert, an dem ihr angemessenen Platz einfach nur zu dienen, in dem Wissen, daß alle Dinge und Aktivitäten Geschenke des Lebens sind. Die Demut strebt nicht nach Anerkennung, ergeht sich nicht in hochmütiger Selbstgerechtigkeit und versucht nicht, eigenes Fehlverhalten zu rechtfertigen. Ihr Lohn findet sich nur im Inneren, denn sie gehört zur Essenz des Lebens.

Jene, die sich die Demut zu eigen machen, werden in ihren Herzen Weisheit finden, denn die Demut ist das Wissen der Seele um ihr Einssein mit allem Lebendigen. Demütig zu sein bedeutet, auf Egoismus zu verzichten. Um demütig zu werden, muß man oft Schmerzen ertragen. Doch durch den Schmerz erlangt man Mitgefühl, Weisheit und inneres Wachstum. Der Schmerz kann ein großer Lehrer sein, doch die Demut erleichtert es uns, unser Schicksal anzunehmen. Die Demut befreit uns von Eitelkeit und Stolz und öffnet uns die Tür zu unserem Herzen, das Liebe verstehen und ausdrücken möchte.

*An jedem
neuen Tag entscheide
ich mich für das
Glück und gegen die
Depression.*

Depression

Depression ist das Gefühl, etwas verloren zu haben. Sie fühlen sich deprimiert, wenn etwas aus Ihrem Leben verschwindet, an dem Sie hingen oder mit dem Ihr Ego sich identifizierte. Unterdrückte Wut wandelt sich oft zu einer Depression, weil Sie unbewußt Ihre Selbstachtung und Aufrichtigkeit verloren haben. Wenn Sie Wut geleugnet haben, waren Sie nicht ehrlich mit sich selbst.

Um eine Depression zu heilen, müssen Sie lernen, sich von Bindungen zu lösen. Einer der einfachsten Wege, sich von Bindungen zu lösen, besteht darin, sich klarzumachen, daß nur dann etwas aus Ihrem Leben verschwindet, wenn bereits etwas viel Besseres auf dem Weg zu Ihnen ist. Dabei brauchen Sie gar nicht genau zu wissen, was dieses Bessere ist, und wie oder wann es sich manifestieren wird. Es genügt, wenn Sie einfach deutlich jene kindliche, fröhliche und vertrauensvoll-unschuldige Vorfreude spüren, die tief in Ihnen ohnehin immer vorhanden ist.

Manchmal dient ein Verlust dazu, Menschen klarzumachen, daß andere Menschen oder materielle Dinge nicht die Quelle ihres Glücks sind. Glück ist ein innerer Bestandteil unseres Wesens. Es hängt nicht von äußeren Umständen ab. Sie können sich in jedem Augenblick dafür entscheiden, glücklich zu sein. Der Wunsch, selbst zu entscheiden, was Sie fühlen möchten, sollte Sie aber nicht dazu verleiten, real existierende Gefühle zu leugnen. Das haben Sie schon viel zu lange getan. Sie werden sich viel glücklicher fühlen und sich viel rascher von Depressionen befreien können, wenn Sie ehrlich mit sich und anderen sind.

*Ich bin freigebig
dem Leben gegenüber,
und das Leben
schützt mich mit seinen
liebevollen Armen.*

Diebstahl

Niemand kann Ihnen wegnehmen, was Ihnen gehört. Aber was gehört Ihnen denn wirklich, außer Ihren Gedanken und Gefühlen? Sie glauben, Ihnen sei Unrecht geschehen, wenn Ihnen jemand etwas wegnimmt. Aber haben Sie denn nicht auch schon etwas haben wollen, was einem anderen gehörte, oder jemanden um seinen Platz im Leben beneidet? Haben Sie nicht auch schon begehrt, ohne anschließend dafür bezahlen zu wollen? Wer ist sich selbst gegenüber ehrlicher: Diebe, die ihrem Denken gemäß leben, oder jemand, der zwar nichts besitzt, aber heimlich auf alles neidisch ist? Diebstahl beginnt im Denken, und Furcht bewirkt, daß er sich in unserem Leben manifestiert.

Niemand wird Ihnen etwas wegnehmen, wenn Sie dem Leben gegenüber freigebig und liebevoll sind. Ihr größter Schutz befindet sich in Ihnen. Sie werden sich sehr viel sicherer fühlen, wenn Sie Ihrem inneren Selbst vertrauen. Wenn Sie dem Leben nichts stehlen, wird das Leben Ihnen nichts stehlen. Immer wenn Sie Freundlichkeit und Liebe, Mitgefühl und Verständnis, Toleranz und Vergebung praktizieren, sind Sie dem Leben gegenüber freigebig. Dann wird das Leben Sie liebevoll führen und Ihnen zeigen, was Sie tun müssen und wohin Sie gehen müssen, um seine schützenden Arme zu spüren.

Disziplin
ist einfach, wenn
Harmonie und
Freiheit unser
Ziel sind.

Disziplin

Disziplin besteht im Befolgen von Verhaltensprinzipien. Große Meister, die bei ihrer Arbeit konzentriert und diszipliniert sind, können außerordentliche Leistungen vollbringen. Für jede Form der Meisterschaft sind Beharrlichkeit, Konsequenz, Zielstrebigkeit und Disziplin erforderlich.

Als Kind wurde Ihnen Disziplin beigebracht, wenn Sie nicht gehorchten. Während Sie heranreifen, wird das Leben Sie Disziplin lehren, wenn Sie seine Gesetze nicht richtig befolgen und anwenden. Die Gesetze des Lebens sind ständig wirksam, ob Sie sich dessen bewußt sind oder nicht. Noch besitzen erst wenige Menschen ein so hoch entwickeltes Bewußtsein, daß sie diese Gesetze vollständig begreifen. Disziplin ist die Voraussetzung für Struktur, Harmonie und Freiheit. Wenn man die Spielregeln kennt, macht das Spielen viel mehr Spaß.

In der Gegenwart
der Liebe
sind wir vereint.

Ehe

Getrennt wart ihr, doch vereint werdet ihr sein in der Gegenwart der Liebe. Und wenn ihr für immer vereint sein wollt, dann seid Liebende in den Zeiten der Gemeinsamkeit und Freunde in den Zeiten des Getrenntseins.

Gründet eure Verbindung nicht auf Äußerlichkeiten, denn alle Dinge verändern sich, während sie sich entwickeln.

Vollzieht eure Ehe nicht bloß körperlich, denn dann entgeht euch die größte aller Vereinigungen.

Laßt eure Tage von Freude erfüllt sein, denn in der Freude nehmt ihr Teil an den Schätzen des Lebens.

Gründet eure Ehe nicht auf gegenseitige Abhängigkeit, denn dann verliert ihr eure Fähigkeit, schöpferisch euer eigenes Leben zu gestalten.

Laßt eure Verschiedenheit nicht zur Trennung führen, sondern zum gegenseitigen Anerkennen eurer Einzigartigkeit und eurer Synergie.

Strebt leidenschaftlich danach, hinter all euren individuellen Unterschieden euer grundlegendes Einssein mit allem Leben zu erkennen. Helft euch gegenseitig dabei, die Liebe kennenzulernen. Erlaubt der Seele eures Partners oder eurer Partnerin, auf die ihr gemäße Weise dem Leben und der Wahrheit zu dienen. Und wenn euch der Segen zuteil wird, Kinder zu bekommen, dann seid besonders dankbar, denn dann hat man euch die kostbarste aller Schöpfungen anvertraut: die Seele eines anderen menschlichen Wesens.

Meine
Entscheidungen sind
im Einklang
mit dem Wachstum
meiner Seele.

Entscheidungen

Wenn Sie vor einer Entscheidung stehen, sollten Sie auf Ihr Herz hören, daß stets, motiviert von der Liebe, das Beste für alle will. Manchmal mag es schwierig erscheinen, sich für eine Sache zu entscheiden, weil mit ihr viele Herausforderungen verbunden sind. Doch diese Herausforderungen dienen Ihrem Wachstum und dem Wachstum jener Menschen, die Teil Ihres Lebens sind.

Wählen Sie nicht immer den einfachsten Weg, denn in selbstzufriedener Bequemlichkeit kann die Seele sich nicht entwickeln. Bringen Sie den Mut auf, sich für das Wachstum zu entscheiden, auch wenn das manchmal schmerzlich ist, denn so öffnen Sie die Tür zu Mitgefühl und Erkenntnis. Entscheiden Sie sich mutig dafür, sich Herausforderungen zu stellen, auch wenn sie einen bittersüßen Beigeschmack haben, denn an ihnen reift das Leben und findet Weisheit. Entscheiden Sie sich mutig für die Wahrheit, auch wenn sich so nicht nur Angenehmes offenbart, denn jeder Meister hat eine Geschichte zu erzählen von seinen Begegnungen mit der Unendlichkeit seines eigenen Wesens. Und entscheiden Sie sich mutig für die Liebe, auch wenn ihre Gegenwart Sie zur Demut zwingt, denn nur in Demut können Sie von der Essenz des Lebens kosten, welche die Liebe ist.

Ich habe eine gesunde Beziehung zu meiner Familie.

FAMILIE

Probleme in der Familie entstehen aus dem Bedürfnis zu kontrollieren, statt zu akzeptieren und zuzulassen. Wenn Sie sich selbst lieben und achten und ein gutes Identitätsgefühl besitzen, werden Sie sich nicht bedroht fühlen, wenn ein anderer Mensch etwas an Ihnen mißbilligt. Sie sind sich dann bewußt, daß der andere an Ihnen nur wertschätzen kann, was er auch bei sich selbst liebt und akzeptiert. Menschen verurteilen oft das, wovor sie sich am meisten fürchten.

Die Familie ist ein wichtiges Fundament, auf dem andere Beziehungen aufbauen. Ihre nächsten Verwandten - Brüder, Schwestern, Vater und Mutter - geben Ihnen die Chance, einen gesunden und liebevollen zwischenmenschlichen Umgang zu erlernen und zu pflegen. Wenn es Ihnen gelingt, das Verhältnis zu Ihrer Familie zu verbessern, wirkt sich das positiv auf alle anderen Bereiche Ihres Lebens aus. Bemühen Sie sich um ein möglichst gutes und liebevolles Verhältnis zu Ihrer Familie. Durch gelebte Liebe lassen sich alle Differenzen heilen. Liebe zu leben bedeutet, daß jedes Familienmitglied den anderen erlaubt, so zu sein, wie sie gern sein möchten.

Viele von Ihnen betrachten lediglich Blutsverwandte als Ihre Familie. Doch es gibt noch eine größere Familie, die Sie nicht vergessen sollten: die Menschheitsfamilie und alles Leben auf diesem Planeten. Sie sind viel abhängiger, als Sie immer geglaubt haben. Sie können nicht einfach unbekümmert irgendeinen Teil des Lebens zerstören, weil die Qualität Ihres eigenen Lebens und der Fortbestand der Menschheit vom Überleben aller Lebensformen abhängt. Lieben Sie alles Leben auf der Erde, als ob es Ihr eigenes wäre. Denn das ist es tatsächlich.

*Ich befreie
mich von der Illusion,
Fehler zu machen.*

Fehler

Sie betrachten eine Handlung oder einen Umstand als Fehler, wenn sich dabei nicht die von Ihnen erhofften Resultate einstellen. Die Idee, daß es Fehler gibt, ist eine gedankliche Illusion. Aus dem, was Sie für wahr halten, erschaffen Sie sich durch Gedanken und Emotionen Ihre Wirklichkeit. Jede Seele erzeugt so, als Meister ihrer selbst, ihre eigene Realität. Diese Realität nennen Sie fehlerhaft, wenn sie im Vergleich zu anderen scheinbar schlecht abschneidet. Aus dieser Haltung entstehen die Illusionen der Schuld, der Wut, des Hasses, der Furcht und der Krankheit.

Es gibt im Leben keine Fehler. Lediglich die unterschiedlichen Ebenen der Evolution und Erkenntnis bewirken, daß unserem Denken manches als Fehler erscheint. Doch das ist einfach nur ein Schritt auf dem Weg, der Sie zurück zu Ihrem wahren Wesen und Ihrer höheren Bestimmung führt.

Sie leben Ihre Wahrheit in jedem Augenblick, nicht nur in dem, was Sie denken und sagen, sondern auch in Ihrem Leben und in Ihrem Herzen. Streben Sie danach, in der Liebe zum Leben Ihre wahre Kraft zu erkennen. Suchen Sie Weisheit in den Perlen jedes Augenblicks. Und machen Sie von der Ihnen zugänglichen Wahrheit Gebrauch, dann werden Sie Freude finden. Denn der größte Fehler in Ihrem Leben ist die Idee, Sie hätten einen Fehler gemacht.

*Ich bin flexibel
und bereit,
mich zu verändern.*

Flexibilität

Flexibilität ist die Fähigkeit, sich anzupassen, sich bereitwillig auf Veränderungen einzulassen und dabei Haltung zu bewahren. Flexibilität bedeutet, elastisch mit den Erfordernissen des Augenblicks mitzuschwingen, statt störrisch darauf fixiert zu sein, daß die Dinge so und nicht anders zu sein haben. Sie leben in einer Zeit des Wachstums und der raschen Veränderungen. Wenn Sie zu starr sind und dem Fluß, den Bewegungen des Lebens Widerstand entgegensetzen, sind Sie in Gefahr zusammenzubrechen. Sie erwachen gegenwärtig zu einem größeren Verständnis für die Wahrheit und die spirituellen Prinzipien. Wenn Sie sich zu sehr an das klammern, was Sie in der Vergangenheit für wahr hielten, nehmen Sie sich die Chance, größere Wahrheiten zu entdecken, die Ihr Leben leichter und fröhlicher machen können.

So wie ein Samenkorn mit Wasser aufgeweicht wird, damit es sich öffnen und eine lebendige Pflanze aus ihm ins Licht sprießen kann, so werden Ihre starren Ansichten über das Leben durch Erkenntnis und wachsende Bewußtheit aufgeweicht, damit mehr aus Ihnen werden kann als das, was Sie gegenwärtig zu sein glauben. Sich Veränderungen zu widersetzen, macht das Leben hart und schwer. Das Leben existiert nicht trotz Wachstum und Wandel, sondern *wegen* ihnen. Bleiben Sie in Ihren Überzeugungen offen und beweglich, dann wird das Leben Sie dafür mit mehr Freiheit und Glück belohnen. Sind Sie bereit zu wachsen?

*In der Liebe
und in der Wahrheit
finde ich meine
Freiheit.*

Freiheit

Sie waren immer schon frei, und doch sind Sie in Ihrem eigenen Denken gefangen. Ihre Gedanken reichen oft nicht weiter als bis zum Bedauern dessen, was gestern war, und bis zur Furcht vor dem Morgen. Freiheit existiert nur jetzt, in Ihrem Inneren.

Die Hummel ist frei, weil sie sich keine Grenzen auferlegt. Der Adler kann sich in den Himmel emporschwingen, weil er die Höhe nicht fürchtet. Ein unbekümmert spielendes Kind ist frei, weil es weiß, daß stets für seine Bedürfnisse gesorgt wird. Selbst eine verkrustete Entenmuschel, die ihr ganzes Leben an irgendeinem Felsen vor der Küste festsitzt, fürchtet nicht, daß der Ozean austrocknen oder sie nicht länger mit Nährstoffen versorgen könnte.

Ihre eigene Freiheit können Sie nicht daran ablesen, daß Sie besonders hochfliegende Gedanken haben, sondern am Fehlen einengender, begrenzender Gedanken. Verschwenden Sie keinen Gedanken auf angstmachende oder einschränkende Vorstellungen. Denken Sie nur an Liebe und Wahrheit, dann werden Sie in Freiheit leben. Denn der Gefängniswärter ist viel mehr in angstvollem Denken gefangen, als derjenige hinter Gittern.

Im gegenwärtigen
Augenblick
finde ich Freude
und Lachen.

Freude

Freude und Lachen sind die Musik der Kinder, sind völlige Entspannung für den Geist, zum Wohl und Nutzen des Lebens. Dank Freude und Lachen können sich Ihre Gedanken und Gefühle aus selbst auferlegten Begrenzungen und Ängsten emporschwingen zu jenem besonderen Frieden in Ihrem Inneren. Wenn man Freude zuläßt, ist Lachen der natürliche Ausdruck des Herzens. Und Freude ist die Bestimmung jeder das Leben liebenden Seele.

Und wie kann man Freude erfahren? Indem man ganz in der Gegenwart lebt, nicht in der Vergangenheit und nicht in der Zukunft. Indem man erkennt, daß das Leben eher eine spielerische Entdeckungsreise als ein starres, ernstes Regelwerk ist. Indem man wahrhaftig lebt und einfach nur man selbst ist. Indem man all den gesegneten Schöpfungen des Lebens seine Liebe schenkt und auf Tadel und Schuldzuweisungen verzichtet. So wird man wieder wie ein Kind, kann unschuldig und ohne Angst freudig und lachend mit dem Leben spielen.

Liebevoll
gestatte ich meinen
Freunden, so zu sein,
wie sie sind.

Freunde

Ein Mensch, der sich Ihr Freund nennt, sollte Ihrem Herzen nahe sein und Ihnen helfen, Ihr Verständnis zu erweitern. Wer Ihnen selbstgerecht ungebetene Ratschläge erteilt, ist kein Freund. Wer Ihnen einzureden versucht, daß Sie von ihm abhängig sind, will Sie zum Sklaven machen. Wer mit vielen aufwendigen Geschenken erreichen möchte, daß Sie in seiner Schuld stehen, ist noch nicht einmal sein eigener Freund. Und wer schlecht von Ihnen spricht, wenn Sie nicht dabei sind, soll an seinem eigenen Schmerz zugrunde gehen.

Mögen Sie Freunde haben, die Wahrheit und Weisheit mit Ihnen teilen, ohne sie als Waffe zu gebrauchen. Mögen Sie Freunde haben, die zu Ihrem Wohlergehen beitragen und nicht auf Ihren scheinbaren Schwächen oder Fehlern herumreiten. Mögen Sie Freunde haben, die Ihnen bei Ihrer Heilung helfen, denn dadurch heilen sie auch sich selbst. Mögen Sie Freunde haben, die es Ihnen gestatten, einfach Sie selbst zu sein, ohne Vorwürfe und Scham; Freunde, die Ihnen helfen, Ihren eigenen Weg zu finden, statt Sie zu jemandem zu machen, der Sie in Wahrheit gar nicht sind. Wenn Sie Freunde finden, die diese Eigenschaften haben, seien Sie dankbar dafür, und seien auch Sie diesen Menschen ein Freund.

Wenn ich
akzeptiere, daß
das Leben
vollkommen ist,
finde ich Frieden.

Frieden

Sie wünschen sich Frieden. Im Namen des Friedens sind Sie sogar bereit, Krieg zu führen. Doch Sie werden nie wirklichen Frieden erleben, solange es Trennung, Polarität, Schuldzuweisungen und Verurteilungen gibt. Frieden existiert, das ist eine Tatsache. Und Sie können ihn in Ihr Leben, in Ihre Realität bringen, wenn Sie bedingungslose Liebe zulassen.

Die große Bewegung, die sich heute für den Frieden einsetzt, dient damit einer höheren Erkenntnis, denn wenn diese Fürsprecher des Friedens innerlich ohne Liebe sind, müssen sie äußerlich die Dualität ihrer Schöpfung erleben, indem sie sich veranlaßt fühlen, für den Frieden zu kämpfen. Der Frieden wird kommen, aber nicht durch eine Bewegung. Er wird aus den Herzen der Menschen kommen, und zwar ohne daß man über ihn redet und seine Notwendigkeit predigt, und ohne daß man seine Existenz oder Polarität verkündet. Er wird einfach nur dasein.

Wie können Sie feststellen, ob Sie innerlich friedvoll sind? Wenn Sie bei allen Ihren Brüdern und Schwestern jenseits des Fleisches das Herz und die Seele sehen können, die Vollkommenheit allen Lebens, und sonst nichts, und wenn Sie die gesamte Schöpfung als lebendig ansehen und achten, dann lassen Sie bedingungslose Liebe zu und werden inneren Frieden haben. Wie innen, so außen: auf diese Weise wird der Frieden in Ihrer Realität verwirklicht.

Ich löse mich
von meiner Furcht
und schreite
voran in ein von Liebe
erfülltes Leben.

FURCHT

Furcht ist eine Emotion, von der Sie sich beherrschen lassen, statt sie dazu zu benutzen, Gefahren auszuweichen. Sie fürchten sich davor, nicht genug Geld zu haben. Sie fürchten sich, nicht genug Zeit zu haben. Sie fürchten, unattraktiv und ungeliebt zu sein, weil Sie sich mit anderen vergleichen. Sie fürchten Krieg, Krankheit und Tod und bringen diese Dinge dadurch erst hervor. Wenn Sie sich auf die Furcht konzentrieren, vergeuden Sie Ihre Lebensenergie damit, das zu erzeugen, wovor Sie sich fürchten. Sie haben vergessen, daß Sie ein liebendes, mitfühlendes, phantasiebegabtes und vollkommenes Kind des Universums sind, auf ewig mit den Gaben der Macht, Göttlichkeit und Liebe gesegnet.

Wegen Ihrer Furcht, Ihrer Ängste sind Sie heute da, wo Sie sind. Eine der wichtigsten Lektionen für jeden Menschen lautet, daß er seine Furcht selbst erzeugt. Um sich darüber zu erheben, müssen Sie von der Macht der Liebe Gebrauch machen. Erschaffen Sie dann eine Realität, deren Fundament die Liebe ist, nicht nur für Sie selbst, sondern für alles Leben. Es ist an der Zeit, sich von der Furcht zu lösen und mutig voranzuschreiten.

Ich gebe
Liebe und empfange
Liebe.

Geben

Wenn Sie einem anderen Menschen etwas geben, sollten Sie das bedingungslos tun und nichts dafür erwarten. Lassen Sie das Geben selbst der Lohn sein, ohne es an die Bedingung zu knüpfen, daß der andere Ihnen seine Dankbarkeit zeigt. Und wenn ein anderer Ihnen etwas geben möchte, sollten Sie es annehmen, um dem anderen die Möglichkeit zu geben, seiner Liebe Ausdruck zu verleihen. Danken Sie dem Leben dafür in der Stille Ihres eigenen Seins. Denn im ständigen Fluß des Lebens ist der Gebende eigentlich der am meisten Beschenkte, und der Beschenkte ist der, der am meisten gibt.

Geben Sie aus einem dankbaren Herzen heraus. Akzeptieren Sie in demütiger Bescheidenheit, daß Ihr inneres Wachstum es Ihnen ermöglicht, immer mehr zum Kanal für die Liebe zu werden. Und was Ihnen gegeben wird, sollten Sie ebenso in stiller Dankbarkeit annehmen, denn was Sie selbst gaben, ist vermehrt zu Ihnen zurückgekehrt.

Alles, was an Worten, Gedanken oder Taten von Ihnen ausgeht, kehrt von jenen Gefühlen begleitet zu Ihnen zurück, mit denen es ausgesandt wurde. Es ist besser, mit dem, was man gibt, die Herzen von zehn Menschen zu erreichen, als den Verstand von zehntausend.

*Meine
Geisteshaltung ist
Liebe und Mitgefühl;
so erschaffe ich
eine wunderschöne
Welt.*

Geisteshaltung

Geisteshaltungen und Gefühle verleihen den Gedanken die Macht, in der äußeren Realität Gestalt anzunehmen. Geisteshaltungen sind der harmonische spirituelle Filter, durch den das Sein sich ausdrückt, und durch den der Mensch seine Schöpfungen wahrnimmt.

Für jene, die eine geistige Haltung der Liebe und des Mitgefühls einnehmen, ist die Welt großartig und schön. Und das Leben beschenkt sie reich und bestärkt sie so in ihrer Haltung. Jenen, deren Geisteshaltung von Furcht und Haß bestimmt ist, die blind verurteilen und verdammen und von ihren vielen Ängsten traurigerweise daran gehindert werden, die Wahrheit zu erkennen, spiegelt das Leben gleichfalls ihr Selbstbild wider. Dadurch wird ihr Geist so finster, daß kein Licht mehr aus dem Zentrum ihres Seins nach außen zu dringen vermag.

Und doch ist es die Bestimmung aller Menschen, ihre eigene Göttlichkeit zu erkennen. Und jeder Mensch muß die Verantwortung dafür übernehmen, daß seine Gedanken und Gefühle seine eigene Schöpfung sind. Alle Menschen haben jederzeit die Macht und das Recht, selbst zu entscheiden, was sie denken oder fühlen wollen. Denn nicht die äußeren Umstände erzeugen die Gefühle, sondern das Denken erzeugt die äußeren Umstände.

Ich verfüge
immer über Freiheit,
Macht
und Sicherheit.

Geld

All Ihre Versuche, Vermögen anzuhäufen, sind eigentlich ein verzweifeltes Streben nach Freiheit, Macht und Sicherheit. Dabei verfügen Sie längst über diese drei Qualitäten, ohne sich dessen bewußt zu sein. Das Leben und das Universum schenken sie Ihnen, ohne etwas dafür zu verlangen. Doch leider haben Sie vergessen, wer Sie sind, und sich so sehr in Ihre eigenen Illusionen verstrickt, daß Sie ein Leben in Angst führen.

Das Geld kann nie für Sie tun, was Sie nur selbst für sich tun können. Kann es denn eine größere Sicherheit geben, als die Prinzipien des Lebens zu kennen und nach ihnen zu leben? Kann es eine größere Freiheit geben als ein Leben in der Freude von Wahrheit und Licht? Und gibt es eine größere Macht als die Lebenskraft im Inneren eines jeden Menschen?

Schauen Sie sich um und betrachten Sie einmal die Wunder, die Sie jetzt bereits erschaffen, trotz Ihres noch recht begrenzten Denkens. Denken Sie dann in Ruhe über die unzähligen Möglichkeiten in einem für alle Zeiten unendlichen Universum nach. Es ist wahr: Dem, der das Leben kennt und liebt, sind alle Dinge möglich.

Ich heile meine
Beziehung
zu mir selbst und
helfe mit
bei der Heilung
der Welt.

Gemeinschaft

Das Bedürfnis, mit anderen Menschen verbunden zu sein, läßt Gemeinschaften entstehen. Sie möchten mit anderen Menschen zusammensein, die so denken und fühlen wie Sie und ähnliche Werte und Ziele haben. Nationen existieren auf der Basis einer größeren Ordnung von Werten und Zielen. Und Sie alle gehören zur Gemeinschaft der Menschheit. Als solche stehen Sie in der Verantwortung, den Wert allen Lebens auf dem Planeten ebenso anzuerkennen wie den des menschlichen Lebens. Sie müssen lernen, die Unterschiede zwischen den Menschen nicht als Probleme zu betrachten, sondern als Chance, die Perspektive Ihres individuellen Lebens zu erweitern und Ihre Liebesfähigkeit zu vervollkommnen.

Es ist heute sehr notwendig, jene Differenzen zu bereinigen, die zu Konflikten und Konkurrenzkämpfen führten. Viele Herausforderungen, denen Sie sich gegenübersehen, lassen sich nur durch weltweite Zusammenarbeit bewältigen. Die Beziehungen zwischen den verschiedenen Nationen und Kulturen gewinnen immer mehr an Bedeutung, weil die technologische Entwicklung so rasch voranschreitet und die Gefahren durch eine Vergeudung der Ressourcen der Erde ständig zunehmen. Unabhängigkeit ist eine wunderbare Sache, die jedoch mit der Erkenntnis in Einklang gebracht werden muß, daß Sie alle auf demselben kleinen Staubkörnchen durchs All fliegen. Was Sie tun, hat Konsequenzen für alle anderen Menschen, und das Handeln der anderen hat Konsequenzen für Sie. Sie sind weit mehr mit allem Leben verbunden, als es Ihnen bewußt ist.

Der Erfolg dieser umfassenderen Beziehungen hängt von der Beziehung ab, die Sie zu sich selbst haben. Heilen Sie diese Beziehung, dann werden auch die Beziehungen der menschlichen Gemeinschaften und Nationen geheilt werden.

*Das Gesetz
der Liebe führt
mich durch mein
Leben.*

Gesetz

Es gibt das Menschengesetz und das Gesetz des Universums. Das Menschengesetz dient nur seinen eigenen selbstsüchtigen Zielen. Das Gesetz des Universums jedoch sollte allen Herzen bekannt sein, und es ist stets korrekt und genau. Obgleich Sie die Existenz dieses Gesetzes zu leugnen versuchen, wissen Sie eigentlich seit jeher über seine Wirkungsweise Bescheid.

Hören Sie daher immer darauf, was Ihr Herz Ihnen sagt, denn im Herzen jedes Meisters findet sich die Weisheit des Gesetzes der Liebe. Es besagt, daß Sie zu dem werden, das Sie lieben.

Erkennen Sie, was das Gesetz des Gebens und Nehmens Sie lehrt, das dafür sorgt, daß alles, was Sie geben, vielfach zu Ihnen zurückkehrt.

Erkennen Sie, wie durch das Gesetz des Preisens und Segnens alle Ihre Lebensumstände sich zum Guten wenden.

Spüren Sie den Frieden des Gesetzes der Stille, denn in ihr werden Sie die Gegenwart der Liebe finden.

Wenden Sie das Gesetz der Vergebung auf alle Ihre Brüder und Schwestern an, denn die Liebe und das Mitgefühl, die sich darin äußern, daß man vergibt, werden Ihnen gnädig Schmerzen ersparen.

Und öffnen Sie sich für das Gesetz des reinen Seins, das allen Lebewesen gestattet, so zu sein, wie sie gerne sein möchten.

Wenn Sie diese Gesetze befolgen, sind Sie souverän und frei.

*Meine
Gesundung ist
ein Pfad
der Liebe.*

Gesundung

Als Säuglinge und Kinder bekamen viele von Ihnen nicht die Liebe und Fürsorge, die Sie verdienten und nach der Sie sich sehnten. In Ihre Gehirne pflanzte man ein Gewirr aus äußerst einschränkenden Vorstellungen und Gefühlen. Später entwickelten Sie sich weiter und erkannten, wie diese Begrenzungen Sie daran hindern, ein freudvolles Leben zu führen. Jene Überzeugungen zu heilen und zu verändern, die aus der frühen Kindheit stammen, ist ein Vorgang, den man oft als Gesundung bezeichnet. Sie braucht ihre Zeit. Seien Sie also freundlich zu sich selbst und nehmen Sie sich die Zeit, bewußter zu werden und neue Verhaltensmuster zu erlernen.

Erfahrungen in der frühen Kindheit bewirkten, daß Sie eine eng begrenzte Identität entwickelten und sich als Reaktion auf erlittenen Schmerz Verteidigungsmechanismen zulegten. Als Kind kannten Sie die Wahrheit, doch man erzog Sie dazu, enge Grenzen zu akzeptieren. Wenn Sie sich dagegen auflehnten, wurden Sie bestraft. Sie versuchten, Ihre Gedanken und Gefühle zu äußern, aber sie wurden abgelehnt und als falsch bezeichnet. Es ist verständlich, daß Sie sich nun von dem dadurch verursachten Schmerz befreien möchten.

Der erste Schritt zur Gesundung besteht darin, ehrlich mit sich selbst zu sein. Äußern Sie sich nicht länger negativ, aber leugnen Sie Ihre Gefühle nicht. Die Kraft des positiven Denkens und Sprechens ist wunderbar, doch sie ist nur ein Anfang. Auch Ihre Gefühle müssen Sie verändern. Das gelingt am besten, wenn Sie sich mit Freunden umgeben, die verstehen, was Sie durchmachen, weil sie es selbst auch schon erlebt haben, und die Ihnen helfen möchten, heil zu werden. Dann können Sie die unterdrückten Emotionen freisetzen, die Sie bisher daran hinderten, Freude zu empfinden.

*Ich glaube
an die unbegrenzte
liebende Kraft
des Universums.*

Glaube

Glaube ist schöpferisches Denken. Er ist das innere Wissen, demzufolge der freudige Gedanke an die Erfüllung eines Wunsches bewirkt, daß dieser Wunsch sich verwirklicht. Glaube heißt, Ihr Einssein und Ihre Verbundenheit mit allem, was lebt, anzuerkennen. Durch den Glauben bewirkt Ihr Herz Gutes zum Wohle aller.

Glaube und Vertrauen sind wie spielende Kinder, die wissen, daß alle ihre Bedürfnisse immer erfüllt werden, ohne daß sie dafür kämpfen oder sich abplagen müssen. Der Glaube ist die Ausrichtung und Bündelung jener Kraft, die Berge versetzen kann, wenn alles andere versagt. Der Glaube ist die von Liebe beflügelte Vision in der kleinen Eichel, daß aus ihr einmal ein mächtiger Baum werden wird.

Lösen Sie sich von Ängsten und Begrenzungen. Durch den Glauben wissen Sie, daß Sie geliebt werden. Wenn Sie glauben, ist jeder Augenblick eine Chance, ein wunderbares neues Leben zu erschaffen, mit Hilfe der unbegrenzten liebenden Kraft des Universums.

Liebevoll
akzeptiere ich
meine
Göttlichkeit.

Göttlichkeit

Die Göttlichkeit ist jener Teil von Ihnen, den Sie seit Generationen verleugnet und vergessen haben. Sie ist das Erbe, das Sie mit dem ewigen Leben verbindet. Wie alle Kinder des Universums sind auch Sie etwas Besonderes und werden geliebt. Selbst jene, die im Leben die niedrigste Stellung einnehmen, können, wenn sie auch nur eine einzige Seele mit ihrer Liebe berühren, die Fundamente der Ewigkeit erzittern lassen. Denn indem sie auf die ihnen einzigartige Weise die Gabe ihrer Liebe und Göttlichkeit mit anderen teilen, erhöhen sie die Harmonie der gesamten Schöpfung.

Aus Ihrer Göttlichkeit erwächst große Macht, die sich aber nicht im Herrschen über andere Menschen äußert, sondern im Verständnis für die menschliche Natur. Und aus dieser Erkenntnis gelangt man zu göttlicher Demut, zu Liebe und Mitgefühl für alle Geschöpfe. Denn die Halme auf den Weizenfeldern stehen hoch aufgerichtet, wenn die Ähren leer sind; in ihrer vollen Reife jedoch beugen sie sich liebevoll zur Erde.

*Ich bemühe
mich, zu verstehen,
und befreie
mich so von meinem
Groll.*

Groll

Groll, diese Ausdrucksform von Haß und Schuldzuweisungen, ist einer der größten Feinde von Wohlstand und Wohlbefinden. Wenn Sie gegenüber einer Person oder einem Lebensumstand Groll verspüren, blockiert Sie das, so daß Sie sich nicht weiterentwickeln können. Die daraus resultierende Wut vergiftet den Körper und trägt zur Entstehung von Krankheiten bei. Groll entsteht durch den Versuch, Menschen oder das Leben dazu zu zwingen, etwas zu sein, das sie nicht sind. Sie müssen lernen, Dinge einfach geschehen zu lassen, und Sie müssen lernen, wie man bedingungslos, ohne Erwartungen liebt. Alles andere wäre lediglich ein Versuch, das Leben zu versklaven, was jedoch stets damit endet, daß das Leben Sie versklavt.

Das Leben ist einfach, wie es ist. Was Sie über das Leben denken und fühlen, bestimmt, wie Sie es erfahren. Um sich von Groll zu befreien, müssen Sie das Leben aus mehr als einer Perspektive betrachten. In jedem Augenblick geben Sie Ihr Bestes. Und alle anderen Menschen ebenfalls. Wenn Sie das wirklich erkennen, werden Sie nicht länger das Bedürfnis haben, zu verurteilen und Vorwürfe zu erheben. Lediglich die vergängliche und begrenzte Identität Ihres Ego ist es, die sich bedroht oder schlecht behandelt fühlt. Wenn Sie diese Identität nicht länger brauchen, werden Sie frei von Groll sein.

Die Güte,
die ich anderen
schenke, kehrt
reich vermehrt zu
mir zurück.

Güte

Güte ist eine Ausdrucksform der Liebe. Wenn Sie gütig sind, zeigen Sie anderen Menschen mit Ihren Worten und Handlungen, daß Sie mitfühlen und Verständnis haben. Indem Sie sich selbst und anderen gegenüber gütig sind, verzichten Sie keineswegs auf Ihr eigenes Glück und Wohlergehen. Doch es kann sehr wohl notwendig werden, um Güte zu praktizieren auf egoistische Wünsche zu verzichten, wenn man damit dem Wohl aller dient. Mitgefühl und Liebe sind die inneren Regungen, gütiges Handeln die daraus resultierende äußere Aktivität.

Gütiges Handeln geschieht aus einer ruhigen, gelassenen Haltung heraus, wodurch eine angespannte Erwartungshaltung vermieden wird. Man empfindet Dankbarkeit, weil man weiß, daß die Güte, die man selbst gibt, einem eines Tages zurückgegeben wird; und zwar dann, wenn man sie am meisten braucht. Güte zu zeigen, erfordert Standfestigkeit und Stärke, denn man muß mutig sein, um völlig auf Kritik und Schuldzuweisungen zu verzichten. Und wenn man sich innerlich für die Liebe öffnet, können viel leichter Wunder geschehen. Zögern Sie nicht, sich selbst und anderen gegenüber gütig zu sein. Liebe, Mitgefühl und Bewußtheit, die sich einstellen, wenn Sie Güte und Freundlichkeit praktizieren, sind kostbare Juwelen in der Krone Ihres Lebens.

*Ich achte
und respektiere
die Menschen
jeder Hautfarbe
und Herkunft.*

Hautfarbe

Die verschiedenen Rassen der Menschheit haben alle ihre Bestimmung und können einander viel geben. Von Menschen anderer Hautfarbe können Sie viel lernen. So wie Sie ja auch nicht jemanden, der am Dienstag geboren wurde, für besser halten, als jemanden, der am Freitag zur Welt kam, sollten Sie niemanden wegen seiner Hautfarbe oder Nationalität verurteilen. Sie alle sind menschliche Wesen. Farbe, so wie sie von Ihren Augen wahrgenommen wird, basiert auf einem sehr schmalen Lichtspektrum. Es wäre besser für Sie, blind zu sein, als irgend etwas im Leben lediglich nach seiner äußeren Erscheinung zu beurteilen. Durch solche Vorurteile schneiden Sie sich selbst von vielen kostbaren Geschenken des Lebens ab.

Was Sie über einen Menschen oder eine Sache denken und fühlen, ist eine Energie, die von Ihnen zu dem Betreffenden ausstrahlt und ihn oder es einhüllt. Tatsächlich bewirken Sie mit der Kraft Ihres Denkens und Glaubens, daß der betreffende Mensch zu dem wird, was Sie von ihm oder ihr denken, solange er noch nicht wach und bewußt genug ist, um sich vor Ihren Gedanken zu schützen. Ihr Körper verfügt über unterschiedliche Zellen, die alle auf ihre Weise dazu beitragen, Sie am Leben zu erhalten. Genauso verfügen auch die Menschen unterschiedlicher Hautfarbe und Kultur über besondere Gaben, um sie mit allen anderen Menschen zu teilen und das Leben so reicher und fröhlicher zu machen. Schauen Sie nur auf das, was Sie an anderen Menschen bewundern und achten, und ermutigen Sie sie, es zum Ausdruck zu bringen. Dann werden Sie erkennen, wie wertvoll jeder Mensch ist, und es wird keine Schuldzuweisungen und rassistischen Vorurteile mehr geben.

*Indem ich
andere heile,
heile ich
mich selbst.*

Heilen

Heilen ist die Kunst, Ihren Brüdern und Schwestern Liebe zu geben. Wenn Sie sie ermutigen, heilen Sie sie von ihrer Angst.

Wenn Sie ihnen ihre Fehler vergeben, heilen Sie sie von ihren Selbstvorwürfen.

Wenn Sie für ihre körperlichen Bedürfnisse sorgen, heilen Sie den vermeintlichen Mangel, unter dem sie leiden.

Wenn Sie ihnen Ihr Mitgefühl schenken, heilen Sie ihre innere Unruhe und Not.

Wenn Sie sie in den Arm nehmen, heilen Sie sie von ihrer Einsamkeit.

Wenn Sie sie die Wahrheit lehren, heilen Sie sie von ihrer Unwissenheit.

Wenn Sie ihnen die Schönheit der Schöpfung nahebringen, heilen Sie ihre Sinneswahrnehmung.

Wenn Sie sie dafür loben, daß sie so sind, wie sie sind, heilen Sie ihr Selbstwertgefühl.

Wenn Sie ihnen von Herzen Liebe schenken, heilen Sie sie davon, sich vom Leben abgeschnitten zu fühlen.

Wenn Sie das alles für andere Menschen tun, tun Sie es für sich selbst, und Sie werden auch geheilt werden.

*Jede Heraus-
forderung ist eine
Gelegenheit,
meine Grenzen zu
überwinden.*

HERAUSFORDERUNGEN

Oft sehen Sie sich scheinbar nicht zu bewältigenden Aufgaben gegenüber. Solche Herausforderungen sollen Sie lehren, daß in der Unendlichkeit des Lebens alle Dinge möglich sind. Wenn Sie solche Aufgaben bewältigen, erkennen Sie dadurch, welche Fähigkeiten Ihnen aus Ihrer Liebe zum Leben erwachsen können.

Begrüßen Sie jede Herausforderung als ein segensreiches Geschenk, denn sie zeigt Ihnen, daß Sie reif für seelisches Wachstum sind. Selbst scheinbares Versagen ist eigentlich ein Erfolg, denn Sie lernen dadurch, in Zukunft Verhaltensweisen zu vermeiden, die nicht die erwünschten Resultate bringen. Beurteilen Sie nicht das Resultat einer Aufgabe, oder wie Sie sie bewältigt haben. Begreifen Sie stattdessen, welche Schönheit sich Ihnen dadurch offenbart, daß Sie Ihre Erkenntnisse über das Universum ständig vertiefen. Seien Sie dankbar für jede neue Herausforderung. Sie entspringt dem Wunsch Ihrer Seele, sich von Begrenzungen zu befreien.

Ich verbünde
mich mit meinem
höheren Selbst,
und Wunder
geschehen
in meinem Leben.

Höheres Selbst

Die Seele und das höhere Selbst sind Aspekte dessen, was Sie wirklich sind und wozu Sie auf bewußter Ebene den Kontakt verloren haben. Sie sind nicht von Ihnen getrennt, es sind vielmehr Teile von Ihnen, die viel scharfsichtiger und stärker als Ihr bewußtes Selbst sind. Durch die Kraft der Seele und des höheren Selbst werden die Wünsche des bewußten Selbst als konkrete Erfahrungen verwirklicht.

Die Gefühle, die Sie im Leben durchmachen, sind Ausdruck der Weisheit der Seele. Das ist einer der Gründe, warum es so wichtig ist, Gefühle und Emotionen nicht zu leugnen, sondern sie zuzulassen, zu respektieren und zu verstehen. Viele von Ihnen haben schon viel zu lange verleugnet, was sie angesichts der Erfahrungen, die sie im Leben machen, wirklich empfinden. Sich ständig wiederholende Erfahrungen deuten darauf hin, daß eine bestimmte Lektion noch nicht gelernt oder eine Erkenntnis geleugnet wurde.

Die Seele und das höhere Selbst kommunizieren mit dem bewußten Selbst durch Wünsche und Gefühle. Die leise, kleine Stimme des höheren Selbst meldet sich als sanftes Drängen, einmal etwas einfach nur zum Spaß zu tun. Das bewußte Selbst urteilt aus der sehr begrenzten Perspektive, die ihm von den physischen Sinnen vermittelt wird. Sie informieren es jedoch nur über einen kleinen Bereich des Lebens. Die Seele und das höhere Selbst überblicken ein viel breiteres Spektrum von Möglichkeiten, und daher basieren ihre Informationen für das bewußte Selbst auf einem viel größeren Wissen. Indem Sie Verbindung mit Ihrem höheren Selbst aufnehmen und sich seiner Führung anvertrauen, wird Ihre Weltsicht erweitert, und Ihr Leben wird reich an Liebe, Freude, Glück und Wundern sein.

*Ich höre
die Stimme
meiner inneren
Weisheit.*

Hören

Wie gut Sie hören können, hängt von Ihrer Bereitschaft ab, wirklich zuzuhören. Viele Menschen sträuben sich gegen die Wahrheit; besonders die Wahrheit über sich selbst hören sie nicht gerne, weil sie zu Selbstvorwürfen und Kritik neigen. Schwierigkeiten mit der physischen Hörfähigkeit resultieren aus starrem Denken, störrischem Verhalten und einer unflexiblen Lebenseinstellung. Sie hören nur, was Sie hören wollen, nur das, wofür Sie aufnahmebereit sind. Nur selten sind Sie dafür offen, wirklich die Wahrheit zu hören.

Es gibt aber noch eine andere Form des Hörens, der Sie alle sich erst allmählich bewußt werden. Das ist die Stimme Ihrer inneren Weisheit. Sie spricht nicht kritisierend und vorwurfsvoll zu Ihnen. Sie drängt Sie vielmehr auf leise, sanfte Art dazu, liebevolle Worte zu gebrauchen und Dinge zu tun, die mehr Liebe und Freude in Ihr Leben bringen. Diese noch sehr leise Stimme ist es, die Sie durch den Sturm in einen sicheren Hafen geleitet, Sie zur Schaffung von Kunstwerken inspiriert, Sie liebevolle und kluge Worte finden und stets den besten Ausdruck für Liebe und Mitgefühl finden läßt. Hören Sie mit dem Herzen, nicht mit dem Verstand. Diese Stimme war immer schon da. Geduldig wartet sie darauf, daß Sie lange genug still werden, um sie zu erkennen. Und wenn Sie auf diese innere Stimme lauschen, wird sie wie Musik in Ihren Ohren sein.

Ich bin bereit,
dem fröhlichen
Kind in mir
in meinem Leben
Raum zu geben.

Inneres Kind

Das innere Kind ist jener Teil von Ihnen, der verspielt und phantasiebegabt, liebevoll und spontan, kreativ und abenteuerlustig, weise und gefühlvoll, und doch auch demütig und erfüllt von Ehrfurcht und Dankbarkeit ist. Das innere Kind vertraut darauf, daß das Universum und das Leben für seine Bedürfnisse sorgen. Es sitzt nicht untätig herum, sondern ist eifrig damit beschäftigt, das Leben zu leben und Dinge zu tun, die Freude machen.

Das innere Kind besitzt große Weisheit. Es weiß, was wirklich Freude macht. Sein Denken ist nicht eng und beschränkt, und es verurteilt niemanden, nur weil er anders ist. Es bedauert nie, was gestern war, und sorgt sich nicht um eine Zukunft, die noch nicht da ist. Die große Macht der Liebe, die alle scheinbaren Probleme zu lösen oder zu vertreiben vermag, ist der Verbündete und Freund des inneren Kindes. Das innere Kind ist Ihre wahre Identität, die zum Vorschein kommt, wenn man alle oberflächlichen Ängste und Begrenzungen entfernt. Lassen Sie diese Liebe nach außen dringen und werden Sie wieder zu diesem Kind. Dann kann Ihr Leben wieder ein spannendes Abenteuer voller faszinierender Entdeckungen und Spiele werden. Klingt das nicht sehr vielversprechend?

*Die Inspiration
ermöglicht es
mir, freudig Neues
zu erschaffen.*

Inspiration

Die Lebensenergie, die Ihnen sagt, wie und was Sie aus schöpferischer Freude Neues erschaffen können, nennt man Inspiration. Inspiration ist die Verbindung zu Ihrer göttlichen inneren Führung. Oft möchten Sie gerne mehr Freude erleben und zum Ausdruck bringen. Das ist möglich, wenn Sie Ihrer Inspiration und Ihren kreativen Energien folgen. Jedesmal wenn Sie auf freudige Weise schöpferisch sind, wird Ihr Leben dadurch reicher und freier. Indem Sie das Leben lieben, öffnen Sie sich für diese Energien.

Ihr Geist und Ihr Intellekt entwickeln manchmal die Vorstellung, daß Sie bestimmte Dinge, zu denen andere Menschen in der Lage sind, selbst nicht zustande bringen könnten. Das verkennt jedoch Ihre wahre Natur. Wenn Sie diese einengende Denkweise aufgeben und stattdessen auf die Inspiration durch Ihre innere Führung vertrauen, werden Sie schließlich jedes Hindernis überwinden können. Ihre Imagination wird Ihnen helfen, Lösungen selbst für die schwierigsten Probleme zu finden. Sie sind erst besiegt, wenn Sie selbst aufgeben. Wer sagt: »*Ich kann nicht*«, wird es nie schaffen. Wer aber sagt: »*Ich denke, ich kann*«, dem wird das Universum den Weg zeigen.

*Ich bin ein
verspieltes Kind des
Universums,
und so wie ich bin,
werde ich geliebt.*

Kinder

Ihre Kinder sind Ihre größten Lehrer. Ehren Sie sie und seien Sie dankbar für das, was sie Ihnen schenken, denn sie zeigen Ihnen den Weg zu einem fröhlicheren Leben. Indem Sie den Kindern nicht erlauben, sie selbst zu sein, fügen Sie auch sich Schaden zu. Sie können Ihre Kinder nicht formen oder unterweisen, denn sie haben sich bereits entschieden, wie sie sein wollen. Haben Sie denn vergessen, daß Sie selbst auch ein Kind sind? Treten Sie also für die Sache der Kinder ein!

Und wie kann man wie ein Kind werden? Indem man an das Universum glaubt und ihm vertraut, statt sich nur auf den Intellekt und das Materielle zu verlassen. Sie verloren diesen Glauben, dieses Vertrauen, als Sie anfingen, sich wegen allem möglichen Sorgen zu machen und sich zum Richter über alles und jeden aufzuschwingen.

Das Kind, das Sie waren, liebte bedingungslos. Das Kind, das Sie waren, lebte auf spielerische Weise. Das Kind, das Sie waren, lebte in Freude und würde auch heute noch so leben, hätte man ihm nicht beigebracht, Grenzen zu ziehen und sich zu fürchten, und hätte man es nicht kritisiert und verurteilt.

Werden Sie wieder Kind und erleben Sie die Freude, einfach nur zu sein. Finden Sie in der Ruhe jedes neuen Augenblicks Ihre Bestimmung in diesem Leben. Seien Sie sich bewußt, daß Sie als göttliches Kind des Universums geachtet und geliebt werden, wie auch immer Ihr Platz im Leben sein mag. Denn das Leben hat Sie in seiner liebevollen Wiege geboren.

*In mir selbst
und im ganzen
Universum
sehe ich nur
Vollkommenheit.*

Krankheit

Krankheiten sind Früchte der Furcht und des Hasses und richten sich gegen Sie selbst. Sorgen und Streß rufen in Ihrem Körper Verwirrung hervor und bewirken, daß er gegen sich selbst revoltiert. Oft werden Sie krank, weil Sie krank sein wollen. Das liegt an Ihrer mangelnden Selbstliebe, Ihren Selbstvorwürfen und Schuldgefühlen. Sie suchen sogar nach Liebe, die sich als Mitleid ausdrückt. Wenn Sie mit diesem Denken fortfahren, machen Sie die Krankheit, vor der Sie Angst haben, zum Dauerzustand.

Wut ist der größte Krankmacher. Wut entsteht durch falsche Erwartungen. Und Erwartungen entstehen, weil Sie Ihre Liebe an Bedingungen knüpfen. Sie erwarten etwas von anderen, sind aber nicht bereit, wirklich zu geben. Sie wünschen sich Zuneigung, sind aber nicht bereit zu lieben. Sie suchen mit geschlossenen Augen nach Wahrheit. Und Sie urteilen, ohne zu verstehen.

Erkennen Sie, daß Sie die Furcht, die Wut und den Haß in Ihnen liebevoll annehmen und sich mit ihnen aussöhnen müssen, damit eine Gesundung möglich wird. Suchen Sie in der heiteren Gelassenheit Ihres Herzens nach Antworten. Akzeptieren Sie, daß Sie selbst eine Mitverantwortung für den Gesundheitszustand Ihres Körpers haben. Sehen Sie im Universum nur Vollkommenheit, dann werden Sie in Freude, Wahrheit und Liebe leben.

*Wenn wir
Liebe geben,
können
wir alle in
Frieden leben.*

KRIEG

Alte Männer, die eifersüchtig auf jene sind, die ihre Jugend noch nicht verloren haben, schicken oft ihre Söhne in den Krieg. Menschen, die von Gier und Machtstreben erfüllt sind, versuchen, die Gerechten zu berauben und zu versklaven. Frauen weinen um ihre Männer und um das, was hätte sein können. Es gab noch nie einen Krieg, der für die Menschheit von Nutzen gewesen wäre, denn die Lektion von der Sinnlosigkeit des Krieges wurde noch nicht gelernt.

Es ist eine Ironie, daß Sie glauben, für den Frieden kämpfen zu müssen. Im Krieg gibt es keine Gewinner. Es gibt nur Verluste und Verwüstung, zerbrochene Träume und zerstörte Gemeinschaften. Und doch glorifizieren manche Menschen immer noch die Leiden, die der Krieg mit sich bringt. Ohne Gefühl und Gewissen sagen sie, daß »es einen Auftrag zu erfüllen« gilt. Sie nennen sich selbst sogar »menschlich«, obwohl sie den Tod anderer als Sieg feiern. Wo soll da Liebe im Spiel sein?

Daß es noch immer Kriege gibt, liegt daran, daß die Menschheit noch nicht gelernt hat zu lieben. Noch trauriger ist der Umstand, daß die größten technologischen Fortschritte der Menschheit vom Wunsch nach Zerstörung motiviert waren. Die Evolution verlangt von den Menschen, eine Alternative zum Krieg zu finden, denn die nächste Schlacht könnte sehr wohl die letzte sein. Diese Alternative besteht darin, sich selbst zu lieben, seinen Nächsten zu lieben, und die ganze Menschheit zu lieben und zu verstehen. Wenn Sie Liebe geben, können Sie in Frieden leben.

Ich bin
bestrebt, aus
meinen
Lebenskrisen
zu lernen.

Krisen

Lebenskrisen dienen dazu, Ihrem Ego bewußtzumachen, daß Ihre Persönlichkeit weit über seine engen Grenzen hinausreicht. Schon viel zu lange haben Sie Ihre eigene Göttlichkeit geleugnet. Sie haben die Lektionen des Lebens ignoriert und sich dagegen gesperrt, die wahre Macht Ihrer Gedanken und Gefühle zu akzeptieren. Während einer Krise sind Sie gezwungen, mehr nach innen zu blicken, um dort Kraft für die Lösung Ihrer Probleme zu finden.

Krisen sind Alarmsignale Ihres Herzens und Ihrer Seele, um Ihnen deutlich zu machen, daß Sie nicht in Harmonie mit dem Leben und seinen Prinzipien sind. Sie sind ein Weg, auf dem das Leben Ihnen neue Einsichten vermittelt. Die Verletzlichkeit während einer Krise macht Sie demütiger. Dann sind Sie eher bereit, zuzuhören und zu lernen. Wenn die Krise sich nicht wiederholt, ist das ein Zeichen, daß Sie dazugelernt haben. Wenn Sie dagegen immer wieder in die gleichen Schwierigkeiten geraten, bedeutet das, daß Sie in irgendeinem Bereich Ihres Bewußtseins zu starr und dogmatisch sind. Sind Sie bereit, sich ganz der Liebe in Ihnen hinzugeben?

*Das Leben
ist kostbar, und
ich genieße
dankbar jeden
Augenblick.*

LEBEN

Leben Sie nicht in Angst und Haß, damit Sie in Ihrem Leben keine von Angst und Haß geprägten äußeren Umstände erschaffen.

Leben Sie, ohne andere Menschen zu beschuldigen und zu verurteilen, denn das Leben konfrontiert Sie mit dem, was Sie selbst sind.

Leben Sie ohne Stolz, Selbstgerechtigkeit und Arroganz, denn Hochmut kommt vor dem Fall.

Leben Sie ohne Gier und Neid, denn das Universum ist Fülle und sorgt für all Ihre Bedürfnisse.

Leben Sie nicht nur für sich selbst, denn auf sich allein gestellt können Sie nicht bestehen.

Leben Sie nicht in der Vergangenheit oder der Zukunft, denn nur die Gegenwart existiert.

Leben Sie nicht ohne Liebe, denn im liebevollen Dienst für das Leben werden Sie alles finden, wonach Sie sich sehnen.

Leben Sie aus der Liebe Ihres Herzens, ermutigen und inspirieren Sie all jene, die Ihnen begegnen.

Danken Sie dem Leben all die kostbaren Augenblicke, mit denen es Sie so unendlich reich beschenkt, indem Sie selbst aus vollem Herzen Gutes tun.

Und vergessen Sie nie: Das Leben gibt Ihnen die Möglichkeit, mitzumachen, teilzunehmen.

Was Sie mit diesem Geschenk anfangen, liegt ganz allein bei Ihnen.

Mein
größter Lehrer
befindet sich
in meinem
Inneren.

LEHRER

Meiden Sie bei Ihrer Suche nach Wahrheit und Erkenntnis die Stolzen, denn was sie verkünden, dient nur ihrem eigenen Ruhm.

Meiden Sie die Selbstgerechten, deren Herzen ohne Liebe ist.

Meiden Sie die Lauten und Gewöhnlichen, denn sie haben die Weisheit der Stille verloren.

Meiden Sie jene, die Sie zur Gier und Maßlosigkeit verleiten, denn sie werden Ihren Hunger nie wirklich stillen.

Und meiden Sie jene, die Böses denken, denn sie lieben das Leben nicht.

Hören Sie auf die Weisheit der Kinder, denn sie sind dem Himmel Ihrer Träume näher.

Hören Sie auf die Demütigen, denn sie haben gelernt, mitfühlend zu sein und zu vergeben.

Blicken Sie auf jene, die ganz in ihrem Dienst für das Leben aufgehen, denn sie wissen um ihre Verbundenheit mit allen Geschöpfen.

Fühlen Sie die Wärme in der Umarmung eines Freundes, denn wahre Freunde sind von unschätzbarem Wert und besitzen die kostbare Gabe der Liebe.

Und verschmelzen Sie Ihren Verstand mit Ihrem Herzen, denn Ihr größter Lehrer befindet sich in Ihrem Inneren.

*Die Liebe ist
die Essenz
meines Lebens.*

Liebe

Lieben heißt Geben, und zwar nicht nur, daß man anderen Gefühle gibt, sondern daß man ihnen von der Essenz des Lebens gibt. Man kann Vater und Mutter nicht lieben, kann Kinder, Freunde oder Partner nicht lieben, solange man nicht begreift, was das Leben ist. Denn das Leben ist die Essenz des Seins, und die Liebe ist die Bewahrerin des Lebens.

Zu lieben bedeutet, voller Freude die eigene Göttlichkeit zu bejahen.

Zu lieben bedeutet, die Ekstase der Vereinigung und des Einsseins mit dem Partner oder der Partnerin zu spüren.

Zu lieben bedeutet, aus der Vollkommenheit des Lebens in all seiner Macht und Gnade schöpferisch zu sein.

Zu lieben bedeutet, sich bewußt zu werden, wie schön es ist, daß Geburt und Tod eins sind.

Zu lieben bedeutet die Erkenntnis, daß das ganze Universum sicher in den schützenden Armen des Lebens geborgen ist.

Zu lieben bedeutet, das Leben zu kennen.

Und das Leben zu kennen heißt, eins mit dem Universum zu sein.

*Ich akzeptiere
die Macht
meiner Gedanken
und Gefühle.*

Macht

Sie bringen Macht häufig mit Geld, Sexualität oder dem Intellekt in Verbindung. Doch der Tag ist nicht fern, wo Geld nichts mehr wert sein, Sexualität nicht mehr existieren und Wissen allen Menschen frei zugänglich sein wird. Worin wird dann Ihre Macht bestehen?

Die wahre Macht liegt in Ihren Gefühlen. Durch intensive Emotionen verleihen Sie Ihren Gedanken die Macht, sich in äußeren Erfahrungen zu manifestieren. Sie selbst sind in jeder Hinsicht Schöpfer Ihres Schicksales.

Ihre Macht liegt auch darin, daß Sie sich wirklich bewußt werden, wer und was Sie in Wahrheit sind. Macht liegt nicht in äußeren Dingen oder Handlungen, denn diese wurden ja von Ihnen selbst erschaffen. Sexualität oder Intellekt besitzen ebenfalls keine Macht, denn auf welche Weise sie sich manifestieren, wurde von Ihnen selbst definiert. Gleiches gilt für Ihre Träume und Phantasien, denn auch sie wurden von Ihnen selbst hervorgebracht. Das Leben in Ihnen als ständig fließende Energie ist die wahre Macht. Wenn Sie das einmal wirklich begriffen und akzeptiert haben, werden Sie demütig Mitgefühl und Liebe für die gesamte Schöpfung empfinden.

*Ich habe eine
gute Meinung von
mir und
akzeptiere mich so,
wie ich bin.*

Meinungen

Eine Meinung ist ein Urteil, das jemand über eine Person oder eine Sache abgibt. Machen Sie sich keine Sorgen wegen dem, was andere Menschen über Sie denken oder sagen. Die Perspektive dieser Menschen wird durch Ängste, Wut und Vorurteile begrenzt, die ein Spiegelbild dessen sind, was sie über sich selbst denken. Sie können Sie nicht wirklich kennen, wenn sie Sie kritisieren und verurteilen, denn dann kritisieren und verurteilen sie sich selbst. Sie kennen das Leben nicht, wenn sie es nicht in all seinen Erscheinungsformen lieben. Und sie können kein Leben in Freude führen, wenn sie sich davor fürchten, sich selbst in den Spiegeln des Lebens zu erblicken. Würden sie sich selbst wirklich kennen, sähen und liebten sie das Göttliche in der gesamten Schöpfung.

Nur auf eine einzige Meinung kommt es an: Ihre Meinung über sich selbst. Sie erschaffen Ihre Realität aus dem, was Sie über sich selbst denken und glauben. Lernen Sie daher, liebevoll mit sich und der ganzen Schöpfung umzugehen. Was Sie auch tun, wohin Sie auch gehen, Ihre Auffassungen über sich selbst werden Sie stets begleiten. Wenn Sie sich liebevoll so akzeptieren, wie Sie sind, ohne sich zu verurteilen oder zu verdammen, werden in Ihrem Leben bemerkenswerte Veränderungen geschehen. Und in Ihrer äußeren Realität werden sich Ihre liebevollen Gedanken, Ihre gute Meinung von sich selbst widerspiegeln.

*Liebevoll,
einsichtig und
mitfühlend
öffne ich mich für
das Leben.*

Mitgefühl

Mitgefühl wird aus der Einsicht eines liebenden Herzens geboren, das in anderen Menschen immer wieder sich selbst erkennt. Ein mitfühlender Mensch zeigt anderen kein Mitleid, weil Mitleid sich auf tränenreiche Passivität beschränkt. Er ergeht sich nicht in Trauer, weil Trauer untätige Stagnation ist. Er drückt anderen nicht sein Bedauern aus, weil er die Schönheit des Wachstums kennt.

Mitgefühl *läßt geschehen,* wie das Leben selbst, denn das Zulassen, das Geschehenlassen ist eine höhere Form der Liebe. Je mehr Sie von Ihren Schwestern und Brüdern wissen, desto mehr erkennen Sie sich selbst in den Spiegeln, die das Leben Ihnen vorhält. Je tiefer Ihr Mitgefühl ist, desto mehr sind Sie in der Lage, sich selbst und anderen zu vergeben, und desto mehr verstehen Sie vom Leben. Mitgefühl sichert Ihnen einen Platz im liebenden Herzen der Ewigkeit.

Die ganze
Schöpfung ist für
mich voller Musik
und Harmonie.

Musik

Musik ist die Harmonie in der gesamten Schöpfung. Lauschen Sie auf die Musik der Ewigkeit, nicht bloß mit Ihren Ohren, sondern mit jeder Faser Ihres Seins.

Hören Sie sich große Symphonien an, denn sie können Wut und Schmerz lindern.

Hören Sie die Kinder lachen, denn sie wissen, wie man voll Freude lebt.

Hören Sie dem Lied der Sterne zu, denn sie können Ihnen alles über die Ewigkeit erzählen.

Hören Sie dem Flüstern des Windes zu, denn große Geister reiten auf seinen verspielten Melodien.

Hören Sie den Chor der Engel, denn sie singen von der Auferstehung im Licht.

Und hören Sie auf die Hymnen Ihres eigenen Herzens, denn in ihm erklingt das Lied des Lebens.

Hören Sie allem zu, was in Ihnen und um Sie herum erklingt, denn die Musik und Harmonie der Schöpfung verkündet die Wahrheit Ihrer eigenen Göttlichkeit und Ewigkeit.

Dankbar
nähre ich mich
vom Brot
des Lebens.

Nahrung

Essen Sie das Brot des Lebens, damit Sie leben können. Wie kann Totes die Lebenden ernähren? Denn das Leben gibt Leben, und der Tod bringt den Tod. Wenn Sie ein Geschöpf töten, um es aufzuessen, schmecken Sie den Tod auf der Zunge. Segnen Sie dagegen dankbar das große Opfer desjenigen, der einst seinen Leib hingab für die Sünden der Welt, essen Sie vom Brot der Ewigkeit, vom Licht der Liebe selbst. Dann spenden auch Sie die Gabe des Lebens.

Wenn Sie einen Brotkrumen segnen, bringt Ihnen das mehr Leben als jedes königliche Festmahl. Es kommt nicht darauf an, was man ißt, sondern wie. Darin liegt die Antwort. Nicht in der schwelgerischen Völlerei der Dummköpfe, sondern in der demütigen Dankbarkeit eines reinen Herzens. Für die wahrhaft Demütigen ist alles lebendig und verdient es, verehrt zu werden. Ihre Nahrung ist das Licht, und ihr Geschenk ist das ewige Leben.

*Ich bringe
den Obdachlosen
Mitgefühl
und Verständnis
entgegen.*

Obdachlosigkeit

Obdachlosigkeit hat viele Ursachen. Manche Obdachlose rebellieren auf der Suche nach mehr Freiheit gegen traditionelle gesellschaftliche Werte. Manche von ihnen haben einen Verlust erlitten, damit sie lernen, dankbar zu sein für das, was ihnen vom Leben geschenkt wird. Manche sind nicht bereit, selbst die Verantwortung für ihr Leben zu übernehmen, sondern wollen, daß andere Menschen für sie sorgen. Wieder andere Obdachlose fühlen sich in unserer Welt einfach nicht zu Hause, weil sie immer wieder nur Gefühllosigkeit und Kälte erleben.

Welche Ursachen die Obdachlosigkeit auch im einzelnen haben mag, in jedem Fall eröffnet sie dem Rest der Menschheit die Möglichkeit, mehr Liebe, Mitgefühl und Verständnis zum Ausdruck zu bringen. Wenn die Menschheit fortfährt, die Obdachlosen zu verurteilen oder ihre Existenz zu leugnen, und es weiterhin vermeidet, sich den der Obdachlosigkeit zugrundeliegenden Problemen zu stellen, besteht die Gefahr, daß noch mehr Menschen obdachlos werden, bis endlich die nötige Einsicht einkehrt.

Die Obdachlosen sind keine Last. Sie stehen symbolisch für Bereiche der menschlichen Lebenserfahrung, die krank sind und Liebe brauchen. Sie sind ein Geschenk, das der Menschheit helfen wird, ihr Bewußtsein stärker für die Liebe zu öffnen und ihre Sehnsucht nach mehr Freiheit zu stillen. Während der großen Veränderungen, die gegenwärtig stattfinden, kann es leicht geschehen, daß das Leben plötzlich die Stirn runzelt, wo es Sie eben noch anlächelte; und möglicherweise nützt Ihnen dann der ganze materielle Besitz nichts, den Sie angehäuft haben, um sich zu schützen.

Ich sende
den politischen
Führern liebe-
volle, ermutigende
Gedanken.

Politiker

Jene Menschen, die Ihnen dienen, indem sie politische Ämter bekleiden, haben sich damit in eine höchst prekäre Position begeben, die ständiger kritischer Beobachtung unterliegt. Erwarten Sie keine Vollkommenheit von den Politikern. Sie sind nicht besser als Sie selbst. Doch Sie können sie zu größerer Aufrichtigkeit und Integrität ermutigen.

Erwarten Sie nicht von den Politikern, daß sie alle ihre Versprechen einhalten. Ihr Handeln ist oft noch mehr als Ihr eigenes von egoistischen Motiven bestimmt. Doch Sie können sie zu Reden inspirieren, in denen Vernunft und Mitgefühl im Mittelpunkt stehen.

Sie sollten die Politiker nicht glorifizieren und auf ein Podest stellen. Denn dann werden Sie sehr enttäuscht sein, wenn diese Leute von ihrem Sockel stürzen und Ihnen klar wird, wie sie wirklich sind. Doch sollten Sie von ihnen fordern, daß sie sich darum bemühen, gemäß höherer Prinzipien zu leben.

Erwarten Sie nicht von den Politikern, daß sie eine makellose Vergangenheit haben. Auch Politiker sind einfach nur sich entwickelnde Seelen, die durch Erfahrung lernen. Doch Sie sollten sie dazu drängen, eine Vision für eine bessere Zukunft zu entwerfen und dann unermüdlich und selbstlos für deren Verwirklichung zu arbeiten.

Vor allem sollten Sie den Politikern liebevolle, ermutigende Gedanken senden, auch dann, wenn sie Fehler machen. Schließlich sind sie Ihre Führer.

Ich vertraue
meiner
inneren Weisheit.

Rat

Sie fragen andere Menschen um Rat, weil Sie nicht auf Ihre eigene innere Wahrheit hören, die aus den Tiefen Ihres Herzens und Ihrer Seele zu Ihnen spricht. Aber wie sollten Sie auch bei all dem verwirrten und angstvollen Lärm, den Sie machen, Ihre innere Weisheit hören können? Ihr Geist ist oft so sehr mit den Illusionen des Lebens beschäftigt, daß Sie gar keine Verbindung mehr zu Ihrem Herzen haben.

Hören Sie nicht auf den Rat anderer Menschen, so gut er auch gemeint sein mag, denn die anderen kennen Ihre innersten Gedanken und Wünsche nicht. Weil die anderen Menschen Sie durch die Brille ihrer Ängste sehen, ist das Bild, das sie von Ihnen haben, zwangsläufig verzerrt. Noch nicht einmal sich selbst sind sie gute Ratgeber. Wenn es aber wirkliche Freunde sind, sollten Sie sie bitten, Ihnen ihre Sicht der Dinge zu schildern, nicht, um Ihnen einen Rat zu erteilen, sondern um Ihnen zu helfen, sich möglicher Alternativen bewußt zu werden.

Lassen Sie sich nicht von Angst oder Wut dazu verleiten, voreilige Entscheidungen zu treffen. Bewahren Sie geistige Ruhe, dann wird Ihre innere Weisheit Ihnen zu gegebener Zeit den richtigen Weg zeigen. Der wichtigste Rat, den Sie beherzigen sollten, lautet, nie auf den Rat anderer zu hören, sondern nur auf Ihre eigene innere Stimme.

*Ich bemühe mich
um Selbsterkenntnis
und bin aufrichtig
mir selbst und
anderen gegenüber.*

Rechtschaffenheit

Rechtschaffenheit ist ein Bewußtseinszustand, bei dem man aufrichtig und sich seiner selbst bewußt ist. Viele Menschen glauben, zur Rechtschaffenheit gehöre Vollkommenheit. Vollkommenheit ist ein Ideal, nach dem man streben kann, aber Aufrichtigkeit und Rechtschaffenheit sind jene Qualitäten, die dieses Ideal im Leben zur Geltung bringen.

Über Ihrem Streben nach Größe und Vollkommenheit sollten Sie nie vergessen, freundlich und mitfühlend zu sich und anderen zu sein. Bewußtheit und Erleuchtung stellen sich ein, wenn man sich für die ganze Wahrheit öffnet, nicht nur für das, was man angenehm findet und gern akzeptiert. Wenn Sie sich um Selbsterkenntnis bemühen, werden Sie Ihre eigene göttliche Natur entdecken, aber auch Ihre Grenzen. Bringen Sie den Mut und die Liebe auf, beides zu akzeptieren. Streben Sie danach, Ihrem göttlichen Wesen Ausdruck zu verleihen, doch bleiben Sie dabei bescheiden und dankbar. Versuchen Sie nicht, Ihre Grenzen zu leugnen oder zu mißachten, sondern erforschen Sie sie aufrichtig und ehrlich. Um dorthin zu gelangen, wo Sie gerne hinmöchten, müssen Sie zunächst erkennen, wo Sie gegenwärtig stehen.

*Wenn wir alle
die Verantwortung
für uns selbst
übernehmen, wird
es auch eine
verantwortungs-
bewußte Regierung
geben.*

Regierung

Regierungen wurden dazu geschaffen, die menschlichen Aktivitäten durch das Aufstellen von Normen und Gesetzen so zu regeln, daß der Erhalt der Gesellschaft gewährleistet ist. Weil die Menschen ihr Wissen um die göttlichen Gesetze und die Prinzipien des Lebens verloren haben, erachten sie es für notwendig, künstliche Institutionen und Machtbefugnisse zu schaffen, um die soziale Ordnung aufrechtzuerhalten.

Zwar ist es bewundernswert, dem Ideal von Recht und Ordnung nachzustreben, doch diese Idee verkommt zur Karikatur, wenn die Menschen, wie es heute der Fall ist, der Regierung die Verantwortung zuschieben, für alle ihre Wünsche und Bedürfnisse zu sorgen. Damit gibt der einzelne seine Souveränität und Freiheit preis. Je mehr Sie regiert werden, desto unfreier sind Sie. Und doch haben Sie diese Entwicklung selbst verursacht, weil Sie nicht bereit waren, selbst die volle Verantwortung für sich zu übernehmen. Machen Sie sich deswegen aber keine Vorwürfe. Betrachten Sie es als wertvolle Lernerfahrung.

Ihr Versuch, der Regierung Aufgaben zu übertragen, die sie nicht effizient für Sie lösen kann, ist gescheitert. Das war eine wichtige Lektion. Es ist an der Zeit, sich aus der Opferrolle zu lösen, alle Schuldzuweisungen aufzugeben und einst abgegebene Macht wieder selbst zu beanspruchen. Wenn Sie sich die Zeit nehmen, Ihre innere Weisheit zu kontaktieren, werden Sie feststellen, daß die einzig wahre Regierung, die all Ihre Angelegenheiten bestens regelt, sich in Ihnen selbst, in Ihrer Seele befindet. Wenn Sie lernen, wirklich zu lieben, werden Sie keine äußere Regierung mehr brauchen.

Indem ich der
Welt von meinen
Talenten und
Fähigkeiten gebe,
wird mein
Leben reich.

Reichtum

Sie wünschen sich goldene Paläste und Satin-Betten, rauschende Feste ohne Ende, mit teurem Essen und erlesenem Wein. Doch das sind oft nur vom Verstand erzeugte Begierden. In Ihnen gibt es ein Samenkorn der Wahrheit, das heranreifen muß. Das ist die Liebessehnsucht Ihres Herzens und der Lebensdurst Ihrer Seele. Kein Ding und keine äußere Aktivität vermag diese Sehnsucht zu stillen, nur die stille Suche nach Ihrer inneren Wahrheit. Die materiellen Dinge sind lediglich Illusionen, bestenfalls Symbole für das, wonach Sie wirklich suchen.

Wenn Sie diese innere Wahrheit entdecken und leben, werden Sie dafür reichen Lohn empfangen. Denn Ihr innerer Reichtum besteht in der Liebe und Freude, die Sie dem Leben entgegenbringen. Was Sie Ihren Brüdern und Schwestern geben, geben Sie zugleich auch sich selbst. Was Sie dem Leben geben, wird reich vermehrt zu Ihnen zurückkehren. Tatsächlich sind Sie das, was Sie geben. Wenn Angst Sie jedoch dazu verleitet, immer nur nehmen zu wollen, dann wird Ihnen beizeiten das genommen werden, was Sie selbst dem Leben nehmen.

Im Herzen
des Lebens finde
ich nur Liebe.

Richtig und falsch

Wenn man von richtig und falsch spricht, handelt es sich dabei um zwei Seiten ein und derselben Münze. Es ist eine Münze, aber eine gespaltene Betrachtungsweise. Wenn Sie akzeptieren, daß es tatsächlich ein und dieselbe Münze ist, werden Sie den Unterschied erkennen. Denn was ist Haß anderes als noch nicht gelernte Liebe? Was ist eine Lüge anderes als eine Verdrehung der Wahrheit? Das alles hilft Ihnen zu erkennen, was das Leben ist, und was nicht.

Wer also handelt richtig, und wer falsch? Wahrheit ist aus der Perspektive eines außenstehenden Beobachters immer relativ. Richtig und falsch, gut und böse sind Polaritäten innerhalb des urteilenden Verstandes. Niemand ist wirklich objektiv und weise genug, um über einen anderen zu richten.

Die Kategorien, was richtig und was falsch ist, sind Schöpfungen einer polarisierenden Denkweise, die nicht bereit ist, das Leben liebevoll so anzunehmen, wie es ist. Nur im menschlichen Denken können Zweifel an der Vollkommenheit des Lebens aufkommen. Im Herzen des Lebens existiert nur die Liebe.

Ich liebe
mich selbst für
all das, was
ich erlebt habe.

Scham

Scham ist das Gefühl, daß irgend etwas mit Ihnen nicht stimmt. Sie sind eine sich entwickelnde und wachsende Seele. Um zu wachsen und sich zu entwickeln, müssen Sie Erfahrungen sammeln, und aus diesen Erfahrungen gelangen Sie zu Erkenntnis. Wenn Sie diese Erkenntnis anwenden, werden Ihnen neue Chancen und Möglichkeiten bewußt. Ohne Lebenserfahrung haben Sie nur eine vage, ungenaue Vorstellung von Ihren Möglichkeiten.

Welche Erfahrung ein Mensch auch immer durchmachen mag, sie resultiert aus dem Wunsch seiner Seele, alle Aspekte des Lebens kennenzulernen. Aus Unwissenheit etwas »Falsches« zu tun, ist kein Verbrechen gegen das Universum, denn Ihr Leben ist ein göttliches Geschenk. Wenn Sie jedoch, um egoistische Wünsche oder Begierden zu befriedigen, wider besseres Wissen handeln, ignorieren Sie damit Ihre innere Liebe und Weisheit.

Das Gewissen sorgt für ein gesundes Schamgefühl. In ihm spiegelt sich innere Weisheit, die Ihnen hilft, kluge Entscheidungen zu treffen. Wer aber sein ganzes Leben von Scham und Schuldgefühlen beherrschen läßt, geht von der Annahme aus, daß es falsch sei, aus Erfahrungen zu lernen. Eine solche Haltung widerspricht den Prinzipien des Lebens und macht den Menschen unfrei. Um die Scham zu heilen, sollten Sie sich selbst mit all Ihren Erfahrungen liebevoll annehmen und bereit sein, daraus zu lernen.

*Indem
ich Weisheit und
Scharfblick walten
lasse, gelange
ich zu mehr Freude
und Glück.*

Scharfblick

Scharfblick ist das Ergebnis von Einsicht und genauer Wahrnehmung. Er ist eine für Ihre Evolution sehr wichtige Fähigkeit. Seien Sie stets offen für alle Möglichkeiten, mehr Freude und Glück in Ihr Leben zu lassen. Verwechseln Sie Offenheit aber nicht mit Leichtgläubigkeit.

Glauben Sie nicht alles, was Sie sehen oder hören. Prüfen Sie es mit Ihrer eigenen inneren Weisheit.

Werden Sie aber auch nicht zum ewigen Zweifler oder Zyniker. Sie können sonst in tiefe Verbitterung geraten, die nur schwer wieder aufzulösen ist. In Ihrem Leben können viele Wunder geschehen, aber sie ereignen sich viel öfter, wenn Sie, statt wütend oder zynisch, fröhlich und liebevoll sind.

Meisterschaft beginnt damit, sich unvoreingenommen und ehrlich mit den eigenen Erfahrungen und den diese Erfahrungen hervorbringenden Glaubenssätzen auseinanderzusetzen. Was Ihre Glaubenssätze auch hervorgebracht haben mögen, es ist an der Zeit, offen für neue Möglichkeiten zu werden. Wenn Ihnen klar wird, daß sich neue Chancen für Sie eröffnen, kann es trotzdem noch einige Zeit dauern, bis die alten, einschränkenden Glaubenssätze sich wandeln. Gönnen Sie sich diese Zeit für die Erweiterung und Wandlung Ihres Bewußtseins. Prüfen Sie das, was andere Menschen Ihnen sagen, sorgfältig. Achten Sie auf Ihre Gefühle. Widmen Sie jenen Lebensbereichen, in denen Sie glauben, hilfsbedürftig und auf andere angewiesen zu sein, besondere Aufmerksamkeit. Dort sind Sie für Täuschungen besonders empfänglich. Machen Sie von der Weisheit Gebrauch, die jetzt bereits in Ihnen ist. Dann werden Sie sanft über Ihre gegenwärtigen Grenzen hinausgeführt, hin zu mehr Freude, Lebendigkeit und Liebe.

*Ich öffne
mich für Liebe und
Wahrheit und
löse mich von
meinem Schmerz.*

SCHMERZ

Körperlicher oder seelischer Schmerz ist ein Ausdruck von Lebendigkeit. Wenn eine Erfahrung als schmerzhaft erlebt wird, bedeutet das häufig, daß das Bewußtsein sich einer Veränderung widersetzt. Sie müssen Schmerzen erdulden, weil Sie absichtlich die Wahrheit leugnen und sich des Geschenkes nicht bewußt sind, das Ihnen durch einfaches Offensein für das Leben zuteil werden würde. Doch ohne Schmerzen würden Sie nicht nach Wachstum und Erkenntnis streben und vermutlich in selbstgefälliger Erstarrung sterben.

Ohne Schmerz gäbe es keinen Anreiz, nach Wahrheit zu suchen. Ohne Wahrheit gäbe es keine Bewußtheit. Ohne Bewußtheit gäbe es keine Erkenntnis. Ohne Erkenntnis gäbe es keine Weisheit. Ohne Weisheit gäbe es kein Wachstum. Und ohne Wachstum gäbe es kein Leben, und alles würde aufhören zu existieren.

Sie erschaffen sich selbst den Schmerz, den Sie dann durchleiden, um daraus zu lernen. Obgleich Sie schon weit gekommen sind und dafür Lob verdienen, müssen Sie auf Ihrer Suche nach Wahrheit noch viel lernen. Seien Sie dankbar für jede Lektion, selbst wenn sie mit Schmerzen verbunden ist. Segnen Sie jede Situation als eine Gelegenheit, zu lernen und Weisheit zu erlangen. Werden Sie geschmeidig und fließen Sie mit dem Leben. Dann wird die Sehnsucht Ihres Herzens und Ihrer Seele nach Liebe und Wahrheit Sie von allen Schmerzen befreien.

Ich öffne
mich für meine
strahlende innere
Schönheit.

Schönheit

Schönheit ist die Essenz des Daseins, und jeder Mensch ist schön. Sie gehen am Wesentlichen vorbei, wenn Sie aus Ihrer eigenen begrenzten Perspektive urteilen. Urteilen Sie nicht nach der äußeren Erscheinung. Alles Lebendige besitzt Schönheit, denn es ist Teil der Ewigkeit, unabhängig von Ihrem begrenzten Urteilsvermögen.

Eine Blume ist schön durch ihr einfaches Sosein. Die Blume braucht Sie nicht, um zu sein, was sie ist. Ein Kind ist schön in der Unbekümmertheit seines Spielens und deshalb ein großer Lehrer für Sie. Ein Stern ist schön in seiner nächtlichen Pracht, mit der er funkelnd den Himmel erleuchtet. Er erinnert Sie an Ihre eigene ewige Schönheit und Pracht. Sogar im Tod liegt Schönheit, denn er ist ein Tor zu mehr Licht, Liebe, Freude und Frieden.

Schönheit ist nicht nur im Auge des Betrachters. Wenn Sie offen dafür sind, die Schönheit des Lebens zu sehen, werden Sie auch Ihre eigene innere Schönheit erkennen. Dann wird diese innere Schönheit als leuchtender Stern nach draußen strahlen.

*Ich bin frei
von Schuld und
brauche diese
Lernerfahrung
nicht länger.*

Schuld

Schuldgefühle entstehen, wenn man glaubt, etwas falsch gemacht zu haben. Wer sich schuldig fühlt, glaubt, nicht so sein zu dürfen, wie er gerne sein möchte. Immer wenn Sie nicht aus dem Geist der Liebe handeln, erzeugen Sie Schuldgefühle. Würden Sie wirklich in der Liebe verweilen, begingen Sie keine Handlungen, die Schuldgefühle zur Folge haben. Das Leben verurteilt niemanden, und Ihnen wurde für immer vergeben.

Hören Sie auf Ihr Herz, denn dort finden Sie die Antworten auf alle Ihre Fragen. Sie selbst haben die Schuld erschaffen, um damit Ihre Erfahrungen zu sammeln. Akzeptieren Sie das und lernen Sie daraus, dann brauchen Sie diese Erfahrungen nicht ständig zu wiederholen.

Wenn Sie Ihre schöpferische Kraft auf die Vollkommenheit ausrichten, wird alle Schuld verschwinden. In der Ewigkeit des Lebens wurden allen Menschen die Fehler vergeben, die sie begangen zu haben glauben. Sobald Sie diese Vergebung akzeptieren, beginnen Sie ein neues Leben in göttlicher Bestimmung, frei von Schuld und Reue.

Reue behindert persönliches Wachstum, Wut vertreibt das Mitgefühl, und Schuld läßt das Leben stagnieren. Doch Wahrheit erzeugt Wahrheit, und die Liebe läßt das Leben in ewiger, strahlender Schönheit erblühen.

Ich bin
frei und schulde
niemandem
etwas.

Schulden

Das Bedürfnis, sich von anderen etwas zu borgen und dann bei ihnen Schulden zu haben, kommt vom verdorbenen inneren Kind, das selbstsüchtig sagt: *»Ich will, was ich will, und zwar sofort!«* Sie verfügen über große schöpferische Kräfte. Doch Wünsche und Sehnsüchte müssen mit Geduld und Weisheit gepaart sein. Sonst hindern Ihre Schulden Sie daran, freie und liebevolle Entscheidungen zu treffen. Die mit Schulden verbundenen Sorgen und Ängste blockieren Ihre Kreativität und Phantasie.

Schulden versklaven einen großen Teil der Menschheit. Sie tragen zu Krankheit und Krieg bei. Wahre Sicherheit gewinnt man nicht aus Geld und materiellem Besitz, sondern aus der Erkenntnis, daß das, was wirklich wichtig und notwendig ist, einem vom Leben stets zur rechten Zeit geschenkt wird. Schulden Sie niemandem etwas, dann sind Sie frei. Und wenn Sie lernen, bedingungslos zu geben, wird auch Ihnen bedingungslos gegeben werden.

Ich sehe
das Göttliche
in allen
Lebewesen.

Sehvermögen

Ihr physisches Sehvermögen zeigt an, wie groß Ihre Bereitschaft ist, das Leben so zu sehen, wie es ist. Sie bekommen Probleme mit den Augen, wenn es in Ihrem Leben Aspekte gibt, die Sie nicht sehen wollen. Das Sehvermögen steht auch symbolisch dafür, wie Sie die Erfahrungen, die Sie im Leben machen, verarbeiten.

Ihre Imagination ist Ihr inneres Sehvermögen, das es Ihnen ermöglicht, neue Möglichkeiten für sich und andere Menschen zu erkennen und zu realisieren. Jene, die nach höheren Idealen für die Menschheit streben, werden von Euch »Visionäre« genannt. Sie sehen eine bessere Zukunft, doch nicht immer auch die ersten Schritte, die nötig sind, um dorthin zu gelangen. Andere Menschen sehen nur Probleme in ihrem Leben und wissen nicht, was diese Probleme verursachte und wie sie sich lösen lassen.

Um sowohl körperlich als auch spirituell besser sehen zu können, müssen Sie Ihre Wahrnehmung des Lebens verändern. Sie sollten Veränderungen mögen und offen dafür sein. Wenn man dagegen Veränderungen gewaltsam herbeizuzwingen versucht, ist das, als würde man an einem Gummiband ziehen. Nachher kehrt dann häufig alles wieder in den ursprünglichen Zustand zurück. Um dauerhafte positive Veränderungen zu erreichen, muß man das Leben als einen evolutionären Wachstumsprozeß akzeptieren und lieben. Wenn Sie sich selbst und andere Menschen als göttliche Wesen betrachten, ist Ihr Sehvermögen vollkommen.

*Ich bin wertvoll
und werde geliebt,
ganz einfach
weil es mich gibt.*

Selbstwert

Sie machen Ihr Selbstwertgefühl häufig davon abhängig, ob Sie etwas Produktives leisten. Das Universum lächelt Sie aber freundlich an, ohne dafür eine besondere Leistung von Ihnen zu erwarten, auch wenn Sie natürlich sicher sein dürfen, daß das Leben Sie belohnt, wenn Sie im Geist der Liebe eine sinnvolle Arbeit tun. Das Leben gibt Ihnen, nicht weil Sie etwas Bestimmtes sagen oder tun, sondern einfach, weil Sie existieren. Auch wenn Sie mit Eloquenz die Ihnen bekannten Wahrheiten verkünden, verbergen sich dahinter oft Ihre unbewußten Ängste.

Das Leben liebt Sie immer, nicht wegen Ihrer jeweiligen Gedanken und Gefühle, sondern weil Sie der lebendige Ausdruck der Liebe sind. Und ob Sie sich nun Adlern gleich emporschwingen oder im Sumpf vermeintlicher Schlechtigkeit steckenbleiben, stets sind Ihre Gedanken und Gefühle lediglich Werkzeuge der Schöpfung.

Ihre bloße Existenz verleiht Ihnen Wert, Bedeutung. Es ist besser, mit Blindheit geschlagen zu sein, als nach dem äußeren Anschein zu urteilen. Machen Sie Ihr Selbstwertgefühl nicht von der Meinung anderer abhängig, denn Sie sind Ihr eigener Herr und wären besser taub, als auf andere Leute zu hören, wo doch Ihre eigene innere Wahrheit darauf wartet, von Ihnen entdeckt zu werden. Und machen Sie sich nicht zum Sklaven materieller Besitztümer, denn derjenige, der nichts besitzt, ist freier, als die, die sich an die Illusion des Materiellen klammern. Sie sind wertvoll, ganz einfach weil es Sie gibt.

Mit meiner
Sexualität
feiere ich mein
Einssein.

Sexualität

Die sexuelle Vereinigung ist eine Verschmelzung nicht nur auf der körperlichen, sondern auch auf der geistigen, emotionalen und spirituellen Ebene. Die sexuelle Begierde strebt danach, jene Teile in Ihnen, die Sie entweder leugneten oder deren Existenz Ihnen nicht bewußt war, wieder zu vereinigen und ganz werden zu lassen. So, wie Sie jetzt sind, sind Sie heil und vollständig. In der Sexualität feiern Sie zusammen mit einem anderen Menschen das Bewußtwerden dieser Ganzheit.

Sie sollten den Geschlechtsakt nicht, indem Sie lediglich körperliche Befriedigung suchen, zum Hohn auf die Liebe und Einheit machen, die er eigentlich symbolisiert. Das ist ein Mißbrauch jener Lebenskraft, die Ihren Körper erhält.

Machen Sie aus der Sexualität keinen Gott, denn damit riskieren Sie, besessen von ihr zu werden und Ihren freien Willen zu verlieren.

Der Geschlechtsakt sollte auf der Basis wirklicher Liebe und gegenseitigen Respekts stattfinden. Dann werden daraus keine Schuldgefühle entstehen.

Die sexuelle Vereinigung sollte im Bewußtsein geschehen, daß Sie in sich bereits vollkommen sind, und nicht aus einem Gefühl der Bedürftigkeit und des Mangels.

Und streben Sie nicht nur danach, mit einem Ihnen äußerlich schön erscheinenden Körper zu verschmelzen, sondern vor allem nach einer Vereinigung mit dem vollkommenen Herzen der Liebe. Denn dann werden Sie sich nach einer Weile, wenn die Energie auf ganz natürliche Weise in höhere Bereiche des Körpers aufsteigt, immer noch an der Gesellschaft eines Freundes oder einer Freundin erfreuen können.

*Ich spreche nur
von dem,
was ich gerne
erleben möchte.*

Sprache

Ihre Worte verbergen oft Ihre Gedanken, denn nur selten sagen Sie, was Sie wirklich denken, und meinen, was Sie sagen. Mit der Scheinheiligkeit von Diplomatie und Takt wird weitaus mehr Schaden angerichtet als durch eine offen ausgesprochene Wahrheit. Doch Sie fürchten die Wahrheit, weil sie Unangenehmes ans Licht bringen könnte. Sie erkennen nicht die göttliche Natur allen Lebens, sondern sehen nur die durch Angst erzeugten Begrenzungen. Ihre Wahrnehmung ist durch Dogmen und starre Überzeugungen getrübt, und Ihre Worte zeugen von mangelnder Einsicht.

In stiller Einfachheit gelangt man zu Weisheit. Demütige Dankbarkeit ist die Quelle für die Freuden des Lebens. Und durch liebendes Mitgefühl lernt man, das Leben zu verstehen. Denn Sprache besteht nicht nur aus den gesprochenen Worten. Glauben Sie nicht, Sie könnten Ihre Gedanken verbergen! Was sich in Ihrem Leben manifestiert, ist ein Produkt Ihres Denkens.

Denken Sie also nur das, was Sie auch leben möchten, denn Ihre Gedanken bringen Ihre äußeren Lebensumstände hervor. Sprechen Sie nur über das, was Sie wirklich verwirklicht sehen wollen, und nur, wenn Sie es auch verstehen. Hinter jedem Wort, das Sie sprechen, steht die machtvolle Schöpferkraft des göttlichen Wesens, das Sie in Wahrheit sind.

Ich gönne
mir meditative
Stille.

Stille

Stille ist ein Seinszustand, in dem Sie offen und empfänglich für die göttliche Führung und Weisheit in Ihnen sind. Sie ist nicht von der Abwesenheit äußerer Geräusche abhängig, sondern von der Abwesenheit einengender Gedanken. Um Stille zu erleben, ist es wünschenswert, daß Sie Ihren Geist zur Ruhe bringen. Stille führt zu Selbsterkenntnis, und deshalb meiden viele von Ihnen sie. Doch Selbsterkenntnis ist ein notwendiger Bestandteil des Lebens; Sie können ihr nicht entgehen, denn das Leben hält Ihnen ständig den Spiegel vor.

Um in die Stille einzutreten, brauchen Sie nur die Augen zu schließen und sich vorzustellen, Ihr Inneres sei von Licht erfüllt. Das ist wohltuend für Herz und Seele, und bringt Sie näher zu sich selbst. Da alle Ihre äußeren Beziehungen von diesem inneren Fundament abhängen, ist es von entscheidender Bedeutung, daß Sie sich Zeiten der Stille und des Nachdenkens gönnen, um Ihr Selbstgefühl und Ihre Liebesfähigkeit zu bewahren. Während dieser Zeiten können Sie bewußt Ihre inneren Batterien aufladen. Wenn Sie sich kurze, aber häufige Phasen des Alleinseins gönnen, werden Sie kaum je das Bedürfnis verspüren, sich längere Zeit völlig vom Leben zurückzuziehen. In der Stille werden Sie außerdem entdecken, daß Sie nie allein sind, denn Sie werden dort Ihren besten Freund finden.

Demütig
akzeptiere ich
meine Größe.

Stolz

Wer Größe erlangt, die mit Stolz gepaart ist, wird ein Opfer seiner Selbstkritik werden, denn es gibt immer jemanden, der noch größer ist als derjenige, der stolz seinen eigenen Ruhm verkündet. Die Stolzen sind nur schwer zu unterweisen, und sie lernen schlecht und mühsam. In seiner Ignoranz wird der Stolz leicht zur Torheit. Torheit führt zu Stagnation. Und Widerstand führt zu Verfall und Krankheit.

Die Stolzen sollten sich vorsehen, denn sie werden Selbsthaß ernten, und die Braut, mit der sie sich vermählen, ist der Tod. Jene, die in ihrer Größe demütig bleiben, wissen, was die wahre Quelle ihres Erfolges ist, und streben nach Liebe und der großen Wahrheit des Herzens. Die Stolzen dienen nur sich selbst und erzeugen mit ihren Vergleichen und Schuldzuweisungen genau jene Hölle, vor der sie sich fürchten. Die Demütigen aber dienen allen, und die Freude an ihrem Dienst ist ihnen Lohn genug. Und in diesem Dienst finden sie Liebe, Frieden und das ewige Leben.

Durch ruhiges,
bewußtes
Atmen baue ich
Streß ab.

Stress

Streß ist eine der wichtigsten Krankheitsursachen und das Resultat unrealistischer Erwartungen. Viele Menschen stehen unter Streß, weil sie glauben, ihr Glück sei von materiellen Dingen abhängig. Sie haben die leise, drängende Stimme ihres Herzens so unterdrückt, daß sie ihr selbst dann noch keine Beachtung schenken, wenn diese Stimme zu einem Brüllen anschwillt. Viele Menschen fühlen sich durch ihre Arbeit gestreßt, weil sie nicht das tun, was ihnen wirklich Freude macht. Sie haben nicht gelernt, sich selbst oder dem Leben zu vertrauen. Man braucht Mut, um anders zu sein.

Bei anderen kommen Streß und Sorge daher, daß sie ihr Leben damit zubringen, die Vergangenheit zu bedauern und sich wegen der Zukunft zu sorgen. Doch weder Vergangenheit noch Zukunft gibt es wirklich. Nur das Jetzt existiert. Je mehr Sie in der Gegenwart leben, desto mehr Zeit haben Sie, desto mehr Freude erfüllt Ihren Körper und Ihre Seele, und der Streß hört auf, Ihrem Glück im Wege zu stehen.

Eine wunderbare Möglichkeit, Streß abzubauen, besteht darin, sich auf den Atem zu konzentrieren. Wenn Sie tief und voll atmen und sich dabei Ihrer Atmung bewußt sind, hilft Ihnen das, sich besser auf die Gegenwart zu konzentrieren. Und die Konzentration auf die Gegenwart erleichtert es Ihnen, Alternativen klarer zu erkennen. Wenn Sie unter Streß stehen, haben Sie die Alternative, auf die von Ihnen verursachten Umstände so zu reagieren, als hätten diese Umstände Macht über Sie, oder Sie machen von Ihrer Fähigkeit Gebrauch, andere Umstände zu erschaffen. Akzeptieren Sie Ihre Gefühle. Und übernehmen Sie dann die Verantwortung für Ihr Leben, indem Sie sich bewußt auf das konzentrieren, was Sie gerne verwirklicht sehen möchten.

*Ich bin
süchtig nach
Leben, Liebe
Freude und
Glück.*

SÜCHTE

Süchte sind das Resultat eines Lebens in Angst und Wut. Sie stellen einen Versuch Ihres Bewußtseins dar, zu leugnen, was Sie in Wahrheit denken und fühlen. Dadurch, daß Sie Ihre Gefühle unterdrücken, verzögern Sie jedoch gerade die Heilung, die Sie so dringend brauchen. Die Substanzen oder Erlebnisse, die Sie zur Unterdrückung Ihrer Gefühle benutzen, sind nur billiger Ersatz für die Liebe und Freude, nach denen Ihr Herz und Ihre Seele sich in Wahrheit sehnen.

Beginnen Sie damit, sich selbst zu lieben. Dann werden Sie entdecken, daß wahre Freude, wahres Glück entstehen, wenn Sie Ihre Kreativität dazu nutzen, Liebe und Mitgefühl für Ihre Brüder und Schwestern zum Ausdruck zu bringen. Wenn Sie für eine Heilung bereit sind, gibt es viele Menschen, die Ihnen dabei gerne helfen. Gesundwerden lohnt die dafür erforderliche Anstrengung.

Um sich von Süchten zu befreien, müssen Sie zunächst den Mut aufbringen, sich den Ängsten und der Wut zu stellen, die Sie bislang geleugnet haben. Erkennen Sie, daß Sie Ihre Angst selbst erschaffen haben. Und etwas Erschaffenes kann nie mächtiger sein als sein Schöpfer. Erlauben Sie dann Ihren Freunden, Ihnen zu helfen, und seien Sie von nun an nur noch süchtig nach Leben, Liebe, Freude und Glück.

*Ich bin ein
Geschöpf Gottes
und lebe ewig.*

Tod

So wie die Geburt ist auch der Tod lediglich das Öffnen einer Tür, und das Leben ist nur die Pause dazwischen. Wie großartig ist doch draußen vor Ihrer Tür der Sonnenschein an einem Sommertag. Um wieviel größer wird da erst das Licht hinter jener Tür sein, die Sie den Tod nennen. Fürchten Sie nicht die Tür, sondern das, was Sie davon abhält, Sie zu öffnen.

Was Sie als Ende betrachten, ist in Wahrheit ein neuer Anfang. Das, wovon Sie glauben, es sei aus Ihrer Gegenwart verschwunden, ist lediglich zu einer höheren Ebene des Dienens und Seins aufgestiegen. Und schmerzerfüllt trauern Sie um einen Verlust, obwohl Sie alle doch in der Ewigkeit von Wahrheit, Frieden, Freude und Liebe leben.

Sie fürchten sich vor dem Tod, weil Sie sich an materielle Dinge klammern, ja regelrecht von ihnen besessen sind. Sie fürchten sich vor dem Tod, weil Sie glauben, Ihre Identität beschränke sich auf Ihren physischen Körper. Und Sie fürchten sich vor dem Leben, weil Sie glauben, nicht genug Zeit zu haben.

Doch man braucht den Tod nicht zu fürchten, und er ist auch kein Ende. Der Tod ist der Anfang einer neuen Ewigkeit, so wie das auch auf jeden Augenblick des Lebens zutrifft. Verbringen Sie also jeden Augenblick Ihres Lebens, der Ihnen geschenkt wird, damit, liebevoll Ihren Brüdern und Schwestern zu dienen. Sie sind ein göttliches Geschöpf und leben ewig in Glauben und Liebe. Denn der Tod ist nur eine Illusion, das Leben aber, das Sie sind, ist jetzt und wird immer sein.

*Ich gebe
meinen Gefühlen
Raum, und
ich fühle mich
geborgen.*

Tränen

Tränen dienen dem Körper dazu, sich von den Giften des Schmerzes zu befreien. Oft unterdrücken Sie den Schmerz und die Traurigkeit, die mit Verlusten und dem Verlassenwerden einhergehen. In diesen Zeiten des Wandels und der rapide fortschreitenden Evolution kann es immer wieder geschehen, daß Sie sich von etwas oder jemandem lösen müssen. Die Liebe und Freude, die Sie erfahren und sich verdient haben, verlieren Sie niemals. Sie wartet stets in Ihnen darauf, wieder zum Vorschein zu kommen.

Viele von Ihnen empfinden großes Mitgefühl für die Erde und ihre Pflanzen und Tiere. Sie weinen, wenn eine Spezies oder eine Lebensweise scheinbar für immer verschwinden. Bitten Sie um Trost und Heilung, und Sie werden sie empfangen. Suchen Sie die Nähe von Menschen, die Verständnis für Ihre Gefühle haben. Lassen Sie, falls nötig, Ihren Tränen freien Lauf. Sie sind Perlen der Liebe. Und gewiß wird der Tag kommen, an dem Sie Freudentränen vergießen angesichts der Schönheit, die Sie in Herz und Seele empfinden.

*Ich besitze
die Fähigkeit,
meine Träume zu
verwirklichen.*

Träume

Während Sie schlafen, sind Träume Ihre Verbindung zu anderen Realitäten. In Träumen besuchen Sie Vergangenheit oder Zukunft und erhalten Anregungen für eine andere Sicht der Dinge. Sie sind Symbole für den Stand Ihrer persönlichen Entwicklung und eine Aufarbeitung dessen, was Sie tagsüber beschäftigt. Halten Sie nach den Symbolen und Hinweisen Ausschau, mit denen Ihre Träume Ihnen helfen, Ihr Leben besser zu verstehen. Träume enthalten tiefe Weisheit.

Tagträume sind unerkannte Wünsche, die darauf warten, von Ihnen verwirklicht zu werden. Als Botschaften Ihres Herzens und Ihrer Seele sollen sie Sie auf das große Potential hinweisen, das in Ihnen schlummert. Tun Sie Ihre Hoffnungen und Ambitionen nicht einfach als unerfüllbare Wunschträume ab. Ihre Seele ist immer bestrebt, Ihnen zu Freude und Glück zu verhelfen, wenn Sie sich nur die Zeit nähmen, in sich hineinzuhorchen. Freudige Gefühle sind ein wichtiges Signal, daß Sie sich auf dem richtigen Weg befinden. Wenn Sie dieser idealen Führung folgen, können Sie ein Genie sein, das seine Träume wahr werden läßt.

Statt streng
über sie zu urteilen,
bringe ich den
Menschen
Mitgefühl und
Verständnis entgegen.

Urteilen

Sie nehmen eine große Verantwortung auf sich, wenn Sie glauben, bereits vollkommen genug zu sein, um über Ihr eigenes Verhalten oder das anderer Menschen Urteile fällen zu können, denn das kommt ja praktisch einem Unfehlbarkeitsanspruch gleich. Die Lebenskraft in Ihnen ist in der Tat vollkommen, denn sie ist die göttliche Schöpferkraft des Universums. Die von Ihnen selbst geschaffenen Gedanken und Gefühle stellen aber immer noch eine Begrenzung dar. Sie können in anderen Menschen nur das wahrnehmen, was sich auch in Ihnen selbst befindet. Wie Sie das Leben erfahren und beurteilen, hängt vom Grad Ihrer Bewußtheit ab.

Je mehr die Liebe Sie erleuchtet, desto demütiger werden Sie gegenüber dem, was sie Ihnen offenbart. Denn durch die Liebe erkennen Sie, daß Sie jedesmal, wenn Sie die Worte oder Handlungen eines anderen Menschen verurteilen, eigentlich sich selbst verurteilen. Wenn Sie sich wirklich von der Liebe leiten lassen, sehen Sie alles im Licht von Mitgefühl und Verständnis. Dann hören Sie auf, Urteile zu fällen, und an die Stelle des Schmerzes treten Frieden und Freude.

Auf
Veränderungen
reagiere ich
bereitwillig
und mit
Gelassenheit.

Veränderungen

Wenn in Ihrem Leben Veränderungen stattfinden, ist das ein Anzeichen für inneres Wachstum. Oft wünschen Sie sich Veränderungen und bitten darum, doch wenn sie dann eintreten, fürchten Sie sich davor. Gegenwärtig ereignen sich viele Veränderungen, weil die Menschheit sich in einem intensiven spirituellen Wachstumsprozeß befindet. Statt sich vor diesen Veränderungen zu fürchten oder sich dagegen zu sperren, sollten Sie sie mit offenen Armen empfangen. Sie sind Geschenke des Lebens und Vorboten einer glücklicheren, freieren Zeit.

Um die Art, wie Sie das Leben erfahren, zu ändern, müssen Sie Ihre Ansichten und Vorstellungen über das Leben ändern. Das ist ein innerer Prozeß. Die äußere Realität ist ein Spiegelbild Ihres inneren Selbst und der Glaubenssätze, nach denen Sie leben. Wenn Sie Ihr Bewußtsein erweitern, ändert sich Ihre Weltsicht. Durch eine geänderte Sicht der Welt ändern sich auch Ihre Lebenserfahrungen.

Lassen Sie sich nicht zu sehr von dem Wirbelwind äußerer Veränderungen und Ereignisse gefangennehmen. Stützen Sie sich innerlich auf ein stabiles Fundament tiefer Selbsterkenntnis. Die Ruhe und der Frieden inneren Wissens helfen Ihnen dabei, auf Veränderungen mit Offenheit und Gelassenheit zu reagieren. So können Sie in diesen wunderbaren Zeiten der Expansion, des Wandels und des Wachstums eine Quelle der Liebe und des Mitgefühls für viele Menschen sein. Und schließlich wird dieser Entwicklungsprozeß Ihnen zu einer klareren Erinnerung an Ihre göttliche Herkunft verhelfen.

*Liebevoll
vergebe ich mir
selbst und anderen,
und das Leben
vergibt mir und
liebt mich.*

Vergebung

Vergebung ist nur möglich, wenn zuvor ein Urteil gefällt wurde. Wenn Sie Urteile fällen, maßen Sie sich eine Macht an, über die Sie gar nicht verfügen. Können Sie jetzt, in diesem Augenblick, einen Baum erschaffen, den Wind lenken oder einen Stern heller leuchten lassen? Maßen Sie sich also nichts an, das nicht Ihrer Natur entspricht. Urteilen Sie nicht, dann werden Sie nichts finden, das Ihrer Vergebung bedürfte. Das Leben hat Ihnen in seiner Gnade bereits alles vergeben. Seien Sie offen, lassen Sie den Dingen Ihren Lauf und beobachten Sie aufmerksam, dann leben Sie in der Wahrheit.

Der einzige Mensch, dem Sie vergeben müssen, sind Sie selbst, denn Sie sind der Schöpfer Ihrer Realität in all ihren Manifestationen. Wenn Sie diese Verantwortung begreifen und akzeptieren, werden Sie sich nicht länger ängstlich und eingeengt fühlen. Dann beginnen Sie damit, aus Liebe zum Leben schöpferisch zu sein, statt sich von Schuldgefühlen getrieben zu fühlen. Und Sie spüren, daß Ihnen von Anfang an immer vergeben wurde, denn das Leben hat es Ihnen stets erlaubt, so zu sein, wie Sie gerne sein wollten.

*Ich vertraue
dem Leben
und ich vertraue
mir selbst.*

Vertrauen

Wie können Sie vertrauen, wenn Sie in Angst leben? Und wie können Sie Vertrauen erfahren, wenn Sie nie die Stille aufsuchen, in der die Stimme des Vertrauens zu Ihnen spricht? Denn Vertrauen ist nicht nur jener Glaube, der Berge versetzen und Stürme bezwingen kann. Es ist vielmehr der Kern jener Wahrheit, nach der Sie in Ihrem Inneren suchen.

Zu vertrauen bedeutet, das Bedürfnis aufzugeben, ständig alles kontrollieren zu wollen. Stattdessen lassen Sie das Leben einfach so sein, wie es ist.

Zu vertrauen bedeutet, sich der Macht in Ihnen bewußt zu sein, die größer ist als die begrenzte Perspektive Ihres Intellekts.

Zu vertrauen bedeutet, durch den Nebel des äußeren Anscheins hindurchzublicken und jeden freudigen Wunsch als bereits verwirklicht zu sehen.

Zu vertrauen lernen Sie, wenn Sie sich von Ihrer engen, Ängste erzeugenden Sicht der Welt befreien.

Wenn Sie sich auf die Suche nach Ihrer besonderen Bestimmung im Leben machen, stärkt das automatisch Ihr Vertrauen.

Und Sie werden zu einer Verkörperung des Vertrauens, wenn Sie es der Macht Ihrer Seele erlauben, Wunder zu vollbringen.

Durch Vertrauen finden Sie Ihren Platz in der Ewigkeit, als der Meister, der Sie in Wahrheit sind.

Ich sehe
in allen Menschen
den Meister oder
die Meisterin,
und ich suche nach
ihren verborgenen
Perlen.

Vorurteile

Ein Mensch, der Vorurteile gegenüber anderen hegt, hat noch nicht gelernt, mitfühlend und verständnisvoll zu sein. Seine Sicht des Universums ist durch Wertungen und Furcht eingeengt.

Mit der Zeit und zunehmender seelischer Bewußtheit bleibt es niemandem erspart, das, was er nicht versteht, selbst zu erschaffen und zu durchleben. Das, wofür man bei anderen kein Mitgefühl aufbringt, wird man am eigenen Leib erfahren. Ein Mensch wird zu dem, was er haßt oder verachtet. Das gehört zu den Gesetzen des Lebens.

Wenn Sie merken, daß Sie selbst Vorurteile hegen, folgt daraus nicht zwangsläufig, daß das Leben Sie dafür bestrafen wird. In Ihrer Vergangenheit und Gegenwart gibt es viele Erfahrungen, an denen Sie lernen und reifen können. Sie müssen lediglich beobachten, ohne zu werten, und Dinge zulassen, ohne Schuld zu verteilen und zu verdammen. Dann wird Ihnen jeder Augenblick und jeder Mensch seine besondere Weisheit und Einsicht offenbaren, ohne daß Sie dazu verurteilt sind, durch negative Erfahrungen zu lernen.

Vorurteile machen Ihr Leben schmerzhaft und unerfreulich; wählen Sie sich stattdessen für Ihren Weg Wahrheit als Ziel, Freude als Führer, Frieden als Gefährten, Lachen als Begleitmusik und Liebe als Zentrum. Sehen Sie in jedem Menschen einen Meister oder eine Meisterin, denn alle Menschen tragen verborgene Perlen in sich.

*Meine Ehrfurcht
vor dem Leben
ermöglicht es
mir, die Wahrheit
zu finden.*

Wahrheit

Sie suchen nach Wahrheit, doch die Wahrheit, nach der Sie suchen, ist eine Münze mit vielen Seiten. Sie können nicht allein durch geistiges Erkennen zur Wahrheit gelangen, denn Wahrheit ist eine Erfahrung. Sie können die Wahrheit nicht draußen in der Welt finden, denn die Welt ist das Bild, das Sie sich vergeblich von ihr zu machen versuchen. Sie können die Wahrheit nicht in Ihren Herzen finden, solange Sie nicht gelernt haben, wie man liebt. Sie können die Wahrheit nicht in Ihrer Seele entdecken, solange Sie keine Ehrfurcht vor dem Leben haben. Und Sie können nicht in der Wahrheit leben, solange Sie sich von Ängsten beherrschen lassen.

Ein Weg zur Wahrheit besteht darin, die Dinge nicht länger in der Polarität von richtig und falsch zu sehen. Wenn die Stille für Sie zur Symphonie wird, hören Sie die Musik der Wahrheit. Wenn Sie den Sinn des Lebens in einem Grashalm entdecken, berühren Sie den Saum der Wahrheit. Wenn Sie sich wie Vögel in die Luft schwingen, werden Sie die Freiheit der Wahrheit entdecken. Wenn Sie nicht länger voneinander getrennt sind, werden Sie im Angesicht der Wahrheit leben. Und wenn Sie nicht länger nach der Wahrheit suchen, wird sie zu Ihnen kommen.

*Ich lerne aus
meinen Erfahrungen
und mache
Gebrauch von
meiner Weisheit.*

Weisheit

Weisheit bedeutet, mit Herz und Seele zu erkennen, was liebevoll und mitfühlend ist. In der rationalen Denkweise des Intellekts findet sich keine Weisheit, denn er ist nur ein Werkzeug, um die eigene Persönlichkeit und das Ego zum Ausdruck zu bringen. Weisheit bedeutet nicht, das Richtige tun, denn wenn man sich für das Leben öffnet, ohne zu urteilen, gibt es kein richtig oder falsch.

Weisheit der Seele ist Offenheit für den emotionalen Fluß des Lebens.

Man erlangt sie, indem man sich auf alle Gefühle und Erfahrungen des Lebens wirklich einläßt.

Weise Menschen schweigen, während rings um sie all jene Lärm machen, die noch nicht aus ihrer Verwirrung erwacht sind.

Weise Menschen sind zufrieden damit, demütig und liebevoll der Menschheit zu dienen, während andere sich über ihr langweiliges Leben und ihr Unglücklichsein beklagen.

Weisheit kommt aus dem Mund eines Kindes, das sich noch nicht den Illusionen von Angst und Begrenztheit unterworfen hat.

Weisheit veranlaßt uns, mitfühlend mit unseren Brüdern und Schwestern zu sein.

Und Weisheit zu leben bedeutet, daß das Ego sich dem höheren inneren Wissen ergibt.

Weisheit ist das Geschenk der Seele an jene,
die das Leben lieben.

Mein Glaube
und meine
Liebe vollbringen
Wunder.

WUNDER

Wunder zwingen den Verstand, seine Leugnung der Lebensprinzipien zu rechtfertigen. Sie geschehen tagtäglich, sind für Zweifler aber nur schwer zu begreifen.

In der Stille des Friedens gibt es Wunder im Überfluß. Wunder geschehen allen, die glauben. Für jene, die das Leben kennen und lieben, sind Wunder völlig normal.

Wenn Sie allerdings versuchen, das Leben zu egoistischen Zwecken zu manipulieren, werden für Sie keine Wunder geschehen. Wenn Sie in Verwirrung und Furcht leben und sich nicht die Zeit nehmen, auf das leise Flüstern der Wahrheit zu lauschen, werden Sie auch dann nicht an Wunder glauben, wenn Ihnen eines begegnet, weil Sie an der traurigen Überzeugung festhalten, daß so etwas in Ihrem Leben völlig ausgeschlossen sei.

Wo es keinen Unglauben gibt, wird der Zweifel überwunden. Wo es keinen Zweifel gibt, tut der Glaube seine Werke. Wo es Glauben gibt, kann die Liebe aktiv sein. Wo die Liebe aktiv ist, hört der Verstand auf das Herz, und das Herz findet die Weisheit der Seele. Wenn Herz und Verstand vereint sind, entsteht Harmonie mit dem Leben, und alles wird wunderbar!

Liebevoll ersetze ich Wut durch Einsicht und Verständnis.

Wut

Wenn Sie zum wahren Meister Ihres Lebens werden, brauchen Sie sich nicht länger in die Wut zu flüchten. Sich, so wie Sie es jetzt tun, an der Wut festzuklammern, erzeugt in Ihnen ein Gift, das sich nur schwer wieder auflöst.

Wut verleugnet vom Verstand her die Sehnsucht Ihres Herzens nach Mitgefühl und Vergebung für das, was Sie von sich selbst in anderen Menschen wiedererkennen. Was Sie bei anderen verstehen und vergeben können, haben Sie auch sich selbst vergeben. Was Sie wütend macht ist, daß ein bestimmter Vorfall Ihnen etwas über Sie selbst verrät, Ihnen einen Bereich zeigt, wo Sie noch lernen müssen. Seien Sie also offen für die jeweilige Lektion, denn wenn Sie die Wut leugnen, leugnen Sie damit einen Teil Ihrer selbst. Sie können sich augenblicklich vom Gift der Wut befreien, wenn Sie nach Einsicht und Verständnis streben. Und Sie gelangen zu dieser Einsicht, indem Sie sich selbst und Ihren Nächsten bedingungslos lieben. Dann können Sie die Energie der Wut dafür nutzen, mit Entschlossenheit Ihre Wünsche zu verwirklichen.

*Mein Ziel
ist es, mich
selbst kennen-
zulernen und
zu lieben.*

Ziele

Oft streben Sie danach, materielle Dinge zu erlangen. Doch wirklicher Erfolg, die Erfüllung der wahren Bestimmung im Leben, besteht darin, sich selbst zu entdecken und zu verstehen. Denn was bleibt Ihnen, wenn Sie sich einen materiellen Wunsch erfüllt haben? Eine Leere, die durch einen neuen Wunsch ausgefüllt werden muß.

Wenn Sie nur nach Dingen streben, die man sehen oder berühren kann, zahlen Sie dafür einen hohen Preis! Denn was bleibt jenen, die Geld und Gold anhäufen, anderes, als eines Tages unter der Last ihrer Schätze zusammenzubrechen? Was erreichen jene, die Macht über die Massen erlangen, anderes, als eines Tages in einem Meer aus Sorgen und Haß zu ertrinken? Und was haben jene erreicht, die sich in ihrem Ruhm sonnen, aber ohne Freunde sind und einsam sterben?

Wenn Sie sich aller Möglichkeiten bewußt werden, die das Leben für Sie bereithält, ordnen sich all Ihre Wünsche und Ziele auf eine harmonische Weise und manifestieren sich zur rechten Zeit. Wenn Sie sich selbst genügend lieben, tun sich Ihnen wunderschöne Möglichkeiten auf. Sehen Sie, wie im Universum rings um Sie ständig Wunder geschehen. Preisen Sie das Wunder, das Sie selbst sind. Den das Herz strebt nach jenem Erfolg, der nie verblaßt oder schal wird. Hören Sie also auf Ihr Herz und lassen Sie sich von ihm führen. Den das Leben schenkt Ihnen nicht das, was Sie sagen oder tun, was Sie anhäufen oder kontrollieren, sondern das, was Sie sind.

*Liebevoll
lasse ich zu, daß
mein Leben ist,
wie es ist, und daß
das Leben der
anderen ist,
wie es ist.*

Zulassen

Zuzulassen bedeutet, die höchste Form der Liebe zu praktizieren. Die großartigste Ausdrucksform der Liebe besteht darin, allem, was existiert, zu gestatten, einfach so zu sein, wie es gerne sein möchte. Zuzulassen bedeutet, auf alle Vorwürfe und Beschuldigungen zu verzichten und keinerlei Urteile zu fällen. Wenn Sie das wirklich leben könnten, wären Sie nicht, wo Sie jetzt sind. Dennoch erlaubt das Leben Ihnen, dort zu sein, wo Sie jetzt sind. Wenn Sie das wirklich begreifen, haben Sie damit einen Schritt nach vorn gemacht, wie er größer kaum sein könnte.

Wenn man zuläßt, geschehen läßt, gibt es die Polarität zwischen richtig und falsch nicht. Jede Seele ist ihre eigene Meisterin, ihr eigener Meister, und muß in dem ihr gemäßen Tempo die Wahrheit entdecken. Und diese Wahrheit ist relativ.

Sinnlose Wut erzeugt Haß. Sinnlose Vorwürfe und Anschuldigungen erzeugen Krankheit. Sinnlose Bestrafungen erzeugen Krieg. Zulassen jedoch ist Liebe in ihrer reinsten Form. So gewinnt das Leben Bedeutung und Sinn, weil es selbst dieser Sinn ist. Leben ist Liebe.

Ich bin
viel größer,
als ich je
geahnt hätte.

Zum Schluss: Sie

Sie, die Sie dieses Buch lasen, erweiterten dadurch Ihr Bewußtsein. Ob eine der Wahrheiten in diesem Buch zu Ihrer Wahrheit wird, hängt von Ihrer Bereitschaft ab, von den großen Möglichkeiten in Ihrem Leben Gebrauch zu machen. Sie sind gesegnet. Sie sind göttlich. Sie sind ein viel großartigeres Geschöpf, als Sie vermutlich je ahnten.

Sie sind ein spirituelles Wesen. Wie Ihr menschliches Leben auch aussehen oder sich entwickeln mag, es ist lediglich eine vorübergehende Erfahrung. Es ist nicht Sie. Finden Sie mehr darüber heraus, wer Sie in Wahrheit sind. Seien Sie, wer Sie in Wahrheit sind. Das ist das größte Geschenk, das Sie je geben oder empfangen können.

Möge Ihr Weg durch dieses Leben eine freudige Entdeckungsreise sein. Möge das Leben eine Spielwiese für Wandel und Evolution sein. Lachen Sie, so oft Sie können. Lassen Sie Ihre Tränen allen Schmerz fortwaschen. Es gibt einen sehr wichtigen Grund dafür, daß Sie hier sind. Und die Bestimmung eines jeden Menschen ist einzigartig. Erfreuen Sie sich an Ihren Unterschieden und Ihrer Einmaligkeit. Lieben Sie und leben Sie jetzt.

Doreen Virtue
Medizin der Engel
Heilmeditationen und Engelsgeschichten
mit himmlischer Musik

Doreen Virtue
Die Engel von Atlantis
Heilmeditationen und Engelsgeschichten
mit himmlischer Musik

Erfüllung und Inspiration mit Bestsellerautorin Shakti Gawain

Shakti Gawain

Die Stimme der Intuition

52 Karten in Box mit Schuber
ISBN 3-7205-2596-1

52 schön gestaltete Affirmationskarten laden dazu ein, sich spielerisch der Intuition zu öffnen und zu lernen, sich ganz auf diese Gabe zu verlassen!

KAILASH